BIBLIOTEKA »REČ I MISAO«

KNJIGA 437

ŽIVOJIN PAVLOVIĆ

CIGANSKO GROBLJE

IZDAVAČKO PREDUZEĆE »RAD«

BEOGRAD, 1990.

Urednici
JOVICA AĆIN
DRAGAN LAKIĆEVIĆ

Šta su ljudi nego svinje?
I mi i svinje jedemo dud, bre.
Samo što svinje jedu dud dole,
a mi na granama gore, bre.

Šta su ljudi nego svinje?
Kad pojedemo svinje, bre,
duša im bar svinjska ide gore,
a mi bez duše ostajemo dole, bre.

Pa šta smo mi, bre?

Moma Dimić

BELLISSIMO, BELISIMO

Od najranijeg detinjstva slušam iste reči:

»Kuda ćeš? Mali si!«
»Okani se, nije to za tebe!«
»Slušaj šta ti se kaže.«

Govorili su, sprečavali me i držali na odstojanju. Ali, sve ono što je predstavljalo tajanstvenu slast njihovog života – nisu mogli da sakriju. Rastući, gledao sam šta rade, i slušao šta govore, zbunjen onim što vidim, uplašen činjenicom da i oni, kao i ja, stare, i da mi uzmiču. Vreme, u kome su sad, nije moje; ni ja u njemu nisam. A kad budem u tome dobu, oni će opet biti ispred, negde daleko, u maglama onoga čemu ja tek treba da se primaknem.
 Muči me pitanje: kako saznati tajnu? Kako shvatiti postupke, a ne činiti ono što su stariji već učinili?

I

Razboleo sam se. Preneli su me u bolnicu.
Ležim, ćutim, ne jedem, nemam volju. Muči me tuga: detinjoj igri došao je kraj.

Igrali smo se kako smo hteli i kako smo mogli. Igrali smo se Rusa i Nemaca, partizana i četnika, Amerikanaca i fašista žute rase. Igrali smo se izgorelim puškama, vojničkim lopaticama, bajonetima, slomljenim puškomitraljezom, čaurama protivavionskih topova, raketlama, probušenim šlemom, revolverskom municijom. Imali smo i pravi automat; oduzeli su nam ga. Igrali smo se i ručnim bombama, ali kad su od eksplozije popucala stakla na Domu staraca, najurili su nas u voćnjak Srednje poljoprivredne. Škola je bila pod stražom, kao i Komanda područja, ranije Amalžanova *Fabrika osvežavajućih pića.*

Prošle nedelje bacili smo redenik u vatru. Straža je pripucala, klisnuli smo kroz živicu na Timok. Sapleo sam se i pao u jaz kraj Đergove vodenice. Voda je bila hladna kao led; onako mokar nisam smeo kući. Dva dana kasnije nešto me je steglo, počeo sam da kašljem, da se znojim i dahćem, da dišem sve teže. Doktor je rekao: »Voda u plućima. U bolnicu.«

Vode me. S jedne strane pridržava me majka, ćuti i plače, s druge otac. Natukao železničarski kačket na nos, ispod štita proviruje prosedi brk. Usta su mu otvorena, čujem kako mu kroz šlajm fijuče dah, kako klokoće mulj od duvana i lokomotivskog dima, od prašine, od sitnog peska, cementa, polena, mlinskog paspalja. Sve što je radio ostavilo je talog u njemu; bolestan je, a, eto, sada sam još i ja dodao jedan kamen njegovoj nesreći.

Na sokaku uništeni tenk smrdi na benzin. Seva jarka svetlost, treperi lišće, pod drvetom drema čelični slon, umire. Žarena suncem, olupina brekće, nad kupolom palaca jara, iz kupole iskaču klinci, beli kao pucke. Igraju se, igra se nastavlja. A ja? ...

Bled sam, teško dišem. Kao otac. Obojica dahćemo – volovi u jarmu. Smrdi tenk na mazivo, na prašinu i krv pijanih Rusa; izginuli su oslobađajući Vranovac.
Bio sam na groblju, na sahrani; slučajno. Tamo će, kažu, podići spomenik.

Sahranili su ih po strani, na livadi. Tamo smo nekad čuvali ovce, igrali klisa i *neka bije lopta di je,* puštali *zmaja,* šutirali krpenjače. Malo dalje je mlin, razbijenih okana i zidova izrovašenih mitraljezom.

Sve to vidim iz bolničkog nužnika.
U nužniku su odvodi zapušeni, slavine polomljene, bez zavrtki. Voda teče u slivnik, iz slivnika na pod – moraš na prstima da gacaš kroz poplavu. Nad rupom kruže kutije, kese, govna. Gaće smakneš do kolena, i sve što hoćeš da uradiš – radiš to stojeći. Kriviš glavu da ne bi gledao potklobučene zidove, išarane usranim prstom i psovkama. I izrekama: *Ko sere van rupe kurac mu u dupe.* Ili: *Ko je jebo Maricu, nek udari crticu.*
Pogled proturam kroz prozor, preko pruge i bagremovih krošanja, do poljane iza groblja, i do mlina. Sad je poljana kraća. Pregradili su je koljem i bodljikavom žicom. Pojas prema groblju crni se od humki: pod njima leže Oslobodioci. Na zidu, ispod imena *Marica,* visi dugi niz crta, kao kad se igra tablanet.

Glavna sestra na Internom zove se Marica; ne znam da li je o njoj reč. Mekanog tela, okruglog lica, velikih, razmaknutih očiju, zatravljenih stalnom pospanošću, ona se provlači između kreveta kao mesečar, smeška se i ne gleda ni u koga. Pogledi mlađih, onih koji prezdravljuju, ili onih koji su se ušunjali u bolnicu da bi izbegli Sremski front, lepe se za Maricu kao čičak. Ti vlažni i ukočeni pogledi opipavaju joj leđa, listove, stražnjicu; čim ona iziđe, počinju da pričaju o njenom mesu i onom tamnom, senovitom procepu između nogu, koji kao da je svaki od njih video. Opisuju ga tako precizno da ne mogu da sklopim oči a da me ne poseku slike raskošnog bluda, koji pripada samo svetu starijih, svetu u koji meni pristupa nema.

II

Sa Hirurškog donesoše malecnog čoveka; rekoše da je Italijan. Operisali su ga od kamena u bubregu; kasnije, od ležanja, dobio je zapaljenje pluća.

Zvali su ga Belisimo. Imao je sitne oči i blag osmeh. Od kapitulacije Italije krio se po zaglavskim pojatama i naučio nekoliko reči: »Ja gladan«, »O, majka mia!«, »Bella devojcica«, »Molim una fettina sir«, »Jebo te Bog!« i »Bellissimo, picin dim!«

Ovo poslednje uzviknuo je prvi put kad mu je Marica dala injekciju u debelo meso.

Svi su prasnuli u smeh. I Marica. Nasmešila se i sakrila oči paperjastim kapcima, prekrila Belisima US ćebetom i odozdo, ispod trepavica, pogledala u mene, ne znam zašto. Taj pogled bio je kratak, sramežljiv, čak i upitan. Bejah zbunjen. Topli talas opalio mi je obraze; više nisam smeo ni da je pogledam, a nekmoli da joj kažem koju reč, ni tad, niti kasnije, kad bi ušla u sobu. Čak ni u hodniku, ako bismo se susreli. Niti u ambulanti, kad mi je velikim špricem ispumpavala vodu iz pluća.

Na Belisima smo se svikli. Čim bi mu bilo bolje, on bi ustao, seo na prozorski ragastov, zabacio glavu, zažmirio i zapevao neku čudnu pesmu što se klikćući otkidala s vrha njegove isturene jabučice, pa lepršala preko pruge i kao šarena ptica iščezavala u krošnjama mladog bagrenja. »Sicilija, kari miei Serbi«, kazao bi i obrisao suzu. Zbog toga, zbog neskrivane čežnje za majkom i rodnim krajem, svi su mu se podsmevali.

Bilo mu je stalo da razgovara s ljudima. A oni, oni su se rugali. Pitali su: zašto si kapitulirao? Ili: kako to da te četnici nisu pošašoljili po vratu kao one tvoje, one žabare, kad su bežali od Nemaca i vikali: »Tito?! Partiđani?!« I: je li istina da ti je mačeće meso najslađa mandža?

Ne shvatajući ih, Belisimo se smeškao. Pipao je zavoj i zviždukao sapunajući obraze.

Brijao se dva puta dnevno: izjutra i posle podne. Seo bi na ivicu kreveta, okruglo ogledalo petrolejske lampe oslonio bi o čašu na noćnom stočiću, zapenio četkom sapunicu u limenoj šolji za čaj, nasapunao se i brijao nabrusenim sečivom nečijeg kalemarskog noža. Voleo je da peva, da zviždi i da se licka. Bojao se injekcija. Strepeo je od lekarskih vizita, trzao se na pucnjeve, izbegavao uniforme. I kada god bi se u njemu stišao strah, uzviknuo bi: »Picin dim!« Nije imao pojma šta to znači.

III

Poslednji dani proleća uneše u bolnicu nemir. U Zjapini ubiše predsednika NO odbora – nije se znalo ko. Bilo je sve toplije. Prozor smo držali otvoren i noću. Ležao sam pod desnim oknom, što je majci zadavalo briga. »Zašto te ne premeste u drugi ugao?« upitala bi izvlačeći iz zembilja spanać i pečeno pile. Slegao sam ramenima i spanać gutao na silu, dok je ona bdela pokraj postelje, zagledana u moja usta. Piljila je ukočenim očima, ispupčenim i bleštavim od Bazedove bolesti. »Traži od doktora da te premeste«, ponavljala je iz dana u dan. Ali meni je godilo mesto pod prozorom. Odatle sam video obronke Zmijanca i kroz smreke nazirao padinu sa rovovima. U njima se vojska vežbala za Sremski front. Noću sam osluškivao huku džipova, koja se gubila u daljini, u planinskim gudurama. Katkad, obično pred zoru, iz sna su me trzali rafali; to su oznaši streljali četnike. Ubijali su ih iza Ciganskog groblja, u jaruzi, i tamo ostavljali, psima ili rodbini – ko pre stigne.

Početkom maja Nemačka je kapitulirala. Slavlje je trajalo tri dana. Za to vreme u bolnici je prestao da postoji bilo kakav red.

Od ranog jutra navališe posete. U parku, u zelenim senkama, izmešaše se zdravi i bolesni. Rasprostreše ponjave, razvezaše bošče i kotarice. Sir, pečenje, mladi luk, okrugle pogače i gomile ranih trešanja prekriše vezene peškire, ćebad. Jelo se i pilo do mraka, pa i prekonoć, u sobama. U prizemlju, na Infektivnom, treštala je harmonika.

U svanuće umre neka baba, u sobi do nas. Natovariše je pripiti bolničari na nosila, nosila položiše na kolica s gumenim točkovima, izguraše babu u hodnik, do nužnika, i tu ona ostade čitav dan, ušiljena i modra kao čivit; bar da su je pokrili. Rekoše da je nemaju kud, nikako da nađu ključ od mrtvačnice.

IV

Gazda-Miladina sam upoznao u bolnici. Ležao je u uglu, kraj vrata. Zelen, otečenih podočnjaka, podbuo i napet od silne tečnosti ispod kože – ječao je, ili ćutao. Ili bi se, ako mu je štogod bilo potrebno – čaša, kašičica, papuče ili »guska« – obraćao drugima. Oglasio bi se hroptećim glasom, kratko, naređujući. Ne znam ko je bio prethodna žrtva, ali, od trenutka kada sam ušao u sobu, njegove oči, meke i podlivene žućkastim suzama, s grozdovima krmelja oko nosa, zgrabile su me kao pauk. Jedva je dočekao da mi se roditelji udalje. Prokrkljao je, gledajući me iskosa, glave utonule u jastuk: »Mali! Dodaj mi onaj tanjir, umreću...«

Od tada me nije ostavljao na miru. Ječao je, zanovetao, prizivao smrt i dosađivao mi, valjda zato što sam bio najmlađi bolesnik u sobi. Obraćao mi se kratkim, bespogovornim naredbama. »Dig se!« prokrkljao bi, i ukoliko bih se napravio gluv, zagledan tobož pomno kroz prozor u Zmijanac, on bi se uspravio na lakat, udahnuo bi vazduh i ponovio: »Ej, mali! Oćeš d umrem? Dodaj mi, bre, lavor!«

Niko me nije uzimao u zaštitu. Kao da su bili zadovoljni što njih ne uznemirava. A ja sam morao da ustajem i navlačim traljave papuče, da ih vučem hodnicima i svaki čas gacam smrdljivu baru u nužniku, točim gazda-Miladinu vodu, prosipam pišaću iz »guske«, prinosim bokal, peškire, pljuvaonicu.

Kad bi se ishraknuo i istresao sline, ponovo bi pao u postelju. Drhtao bi i krkljao, ali mi ne bi dozvolio da odem. Dohvatio bi me oteklom šakom, hladnom i zelenom kao gušter, i prisilio da sednem pored njega. Dahtao bi i počinjao da priča, a ja sam osećao kako mu se trbuh, napet od vode, trese ispod pokrivača – sličan pihtijama.

»Ne vole me«, šištao je i privlačio me svojoj jajastoj glavi; ličila je na dinju. »Mrze gazda--Miladina, čuješ li? A zašto? Zato što *imam*. A imam zato što *umem*. I tako ti je to: zavidni ne mogu da me smisle, očima da me vide. I ovi... Pogledaj, niko da mi pomogne; pare oće, golje, zlato traže. Kažu: ako želiš, a ti plati!... Jedino onaj Talijančić, kako ga ono zovu?... Duševan čovek neki... Spadne mi ćebe, il se jastuk potklobuči, a on dođe, pomogne, i sve se smeška. Al šta vredi? – ja mu kažem: dajder, učini mi to i to, recimo – donesi vodice, izgoreh, a on – ne razume, kukavac. Gleda me i vrti glavom, samo što se ne rasplače, pa ode u ćoše, u svoj brlog, šćućuri se, pa me ponovo gleda, ko utvaru. Bože me prosti, lepo vidim – stra ga vata...« Poćuti, šikne, zagrcne se, doda: »I drugi me gledaju, al ćute, kriju misli. A ja... znam šta misle. I šta mi žele. Dobogda se to njima desilo...«

Bežim pogledom od gazda-Miladinovih očiju, žao mi je, a i strah me je, a u stvari – neprijatno mi je. Izvlačim šaku iz njegovog stiska; čekam trenutak da ustanem i odem u krevet.

Ponekad, kad bolovi omanje, gazda Miladin zaspi. Skući se, gotovo splasne. Ne čuje se; čini se da je umro.

Tada, kad su sigurni da ih neće čuti, počinju da pričaju o njemu. Tako sam saznao da je polovina ziratne zemlje u Vrbovači bila njegova. Pre rata su ga birali za poslanika; dovodio je i smenjivao sreske načelnike kao sluge. Tužio je Belgijanca Bosmansa: kao – zbog rudnika stradaće vinogradi. Parnicu je »izgubio«, ali je zato postao glavni akcionar u briketnici.

Imao je dve ciglane u Zlodolu i krečanu u Kovačici, veliku, od betona. Eno je i danas, kraj železničke postaje; kažu da su je četnici koristili za osmatračnicu, a Nemci za mitraljesko gnezdo prema pruzi. Sve što je imao, prodao je: i krečanu, i ciglane, i akcije u rudniku, samo zemlju nije prodavao.

Pred sam rat kupio je desetak vršalica – »petice« sa saugas-motorima – bile su mu za vreme okupacije glavni izvor zarade. Pred Oslobođenje – Rusi su već prelazili Dunav – razbole se na bubrezima. Pozeleneo je, opluo. U stomaku, napetom kao mešina, zaklokotala voda. Ali bolest ga nije omela da rasproda vršalice i novac uloži u nakit. Zlato je, navodno, zakopao negde kraj Timoka.

Imao je ženu, stariju deset godina od sebe, ludu. Pričali su da mu je ona, kći nekog trgovca iz Žagubice, donela bogatstvo u miraz. Do ženidbe je bio niko i ništa. Rodila mu je jedinca – kržljavo, nedoraslo dete; već od mladosti izgledao je ćosav. Bili su u zavadi – otac i sin. Po jednima zato što ga je gazda Miladin ulovio kako krišom rije po sprudištu – traži ćosa očevo blago. Po drugima zato što je sin posumnjao da mu otac oblece oko žene. A snaja je bila lepotica – pričali su; udovica bez dece, iz Torlačije. On, gazda-Miladin, pronašao ju je na nekom vašaru, i doveo – bajagi, za sina.

Mrzeli su ga. Svojom mržnjom gotovo da su i mene zarazili. Pa ipak, svi ti ljudi, bolesni, bledi, iskrivljeni pakošću i teškim životom, behu kukavice: nijedan se nije usudio da mu to otvoreno kaže, da mu skreše u lice ono što misli. A on, onako zelen, i otekao, nemoćan telom, znao je to. Video sam: odavna svikao da ga ne vole, sada i sâm nemoćan, branio se kuknjavom i zapovešću; ja sam bio jedini koji je mogao, ili morao, da potvrđuje njegovu moć. Bilo mi je gadno kada bi me pozvao, i prezirao sam sebe što mu se odazivam. Čak mi se činilo da mi se podsmevaju. Ali, taj prezir niko nije hteo javno da ispolji. Zašto? – pitao sam se. Prema drugima behu nemilosrdni. Prema Belisimu, na primer. Ili Adamu, Vlahu iz Kupusišta; čak su ga i ošišali, iz obesti.

Zbog čega su baš mene štedeli? Nisam nalazio odgovor.

Kažem, gadio sam se samog sebe. A opet, nisam mogao da ga odbijem. A on – kao da je znao šta osećam. Obratio bi mi se katkad – istina retko – kao roditelj, a ne kao gazda. »Što cunjaš tako bos? Prehladićeš se. Oćeš da se usrećiš jeftikom?« Ili: »Znam ja šta tebe muči. Sramota te da me slušaš – a? Sramota te, a i grtko – smrdim, znam. Ali... ako. Navikavaj se.«

Šta je time hteo da kaže, nisam uspeo da prokljuvim. Umro je iznenada na drugi dan Pobede, baš kada su šišali Adama.

V

Adam je služio u miliciji.
Bio je glup.
Hvalio se da ga je zaposlio tast. Tast mu je radio kao zatvorski kuvar; doveo ga sa sela i ugurao u zatvor, za čuvara, da ga ne mobilišu i ne pošalju na front. »A u zatvoru – milina!« razmetao se Adam, rastabarčen na stolici nasred sobe. Hteo je da ga svi vide, svih šesnaest bolesnika; voleo je da ga uvažavaju – i ovde, kao i tamo, u zatvoru. Tako se i ponašao: mi zatvorenici, a on – šef. »Kako, bre, Adame?« podbadao ga je Pavle Conić, pekar. »Od apsa sve beži ko od kuge, ni pile, bre, neće u kokošinjac a kamoli čovek, a ti

se fališ. Ko da su te u generalštab, a ne u buvaru, budalo!« – »Nemoj da vređaš, drugar«, kazao bi Adam mirno i ogrnuo suknenu dolamu preko kljunastih ramena, kao u ptice. »Tamo stiže najbolja rana, ej!... Rećemo, donese žena četniku paket; otvoriš ga, pogledaš ima li nešto i-le-galno, pištolj neki, konopac rećemo, il turpija, a ono – meriše prasence – prste da poližeš! Dalje i ne gledam, što bi? Samo izvadim prasence i kažem: ovo na kontrolu, ostalo – nosi! Leba i pite nek je četnik, mamu mu vašljivu, a ja – zna se! Zašto smo se borili, he, a?«

Svakog jutra budio se prvi. Protegao bi se i podrignuo iz sve snage, kao vo. Ali kako su svi, izuzev gazda-Miladina i mene, spavali mrtvim snom, on bi se praćaknuo, osluškujući škripu madraca, pa bi skočio na pod, natakao papuče na čvornovate nožurde i krenuo da izlazi, ulazi, odlazi i da se vraća, treskajući vratima i lončićima za vodu dok ne probudi i poslednjeg. I tada bi planula svađa. A on, samo bi se smejao: »Šta je? Zna se red! Spavanje u osam! Buđenje u pet!« Sačekao bi da mu izmere temperaturu, uštinuo bolničarku Vidu za stražnjicu, doručkovao, preturio se, okrenuo ka zidu i zaspao. Ako ga ne probude za vizitu, spavao bi do ručka. Posle ručka opet bi zaspao.

Jeo je mnogo. Jeo je i svoje i tuđe – ogriske, splačine, najmanju mrvicu. Većina nas nije bila pri apetitu, a Adam je satirao sve. Mogao je da smaže i po pet porcija odjednom. Podsmevali su mu se, ali su mu davali što god bi poželeo. I bolničku hranu, i domaću.

Jedini koji je sa zadovoljstvom bacao jelo, ne pruživši mu ni ogrizak, bio je gazda-Miladin. »Što da ti dam?« krkljao bi iskosujući beonjače; »šta si ti meni učinio, jolpazu, pa da te ranim?« – »Pa... da ne propadne, rećemo«, unjkao je Adam i pohlepno piljio u tanjir. Ali, umesto odgovora, gazda Miladin bi u jelo ishraknuo zeleni šlajm.

U takvim trenucima prasnuli bismo u smeh. A Adam – i on bi se ocerio. Ponašao se kao da ga se sve to ne tiče. Ogrnuo bi dolamu i izišao u mrak.

Vraćao se u kasne sate. Bio je bučan, bezobziran. Otrgnuti od sna, ljudi su cvileli, gađali ga posuđem, papučama, bilo čime. Na sve to Adam bi se samo iscerio. Galamio je i hvalisao da u parku vodi ljubav s nekom tuberankom iz gradskog Skoja.

»Vruća je, bre, ta drugarica-gospojica«, mleo je kloparajući po sobi i paleći svetla. »Ko furunče!« Otišao bi u nužnik, i mi bismo čuli kako tamo, s one strane hodnika, pljušti voda u slivnik, i kako Adam rže, umivajući se. »Natrćim ja nju, baćo, u žbun; aknem je, tamo, kod kujne, a ona – skiči kao prasence, rećemo, i prdi, slave mi! Prdne, baćo, čim joj uniđe!«

Bio je visok, mršav, nezgrapnog hoda. Nismo znali od čega je bolestan, a ni on. Gutao je sve kao galeb, a i dalje je bio kost i koža. Pitali su Maricu šta mu je; ni ona nije znala. Odvodila ga je na preglede, što je Adam rado prihvatao. Mislili smo da mu se i to sviđa. Međutim, ispostavilo se da sva ta reckanja, bockanja i gutanja sonde podnosi samo zato što se Marica maje oko njega.

Dolazila je po Adama u deset. Pola sata ranije on je već bio budan. Ustao bi, umio se i nakvasio proređenu kosu, od Belisima pozajmio okruglo ogledalo i aluminijumskim češljem preklapao pramenje preko ćele. Potom bi obukao milicionarsku dolamu i seo na stolicu, čekajući.

Obično bi sa moje nahtkasne dograbio neku knjigu, rasklopio je, i stao da miče usnama. Imao sam utisak da, tako napet, sam sebe obmanjuje, da uobražava da čita, i kako mu se zaista čini da shvata ono što sriče. Verovatno je mislio da tako, s knjigom ispred nosa, izgleda pametniji.

VI

Bilo je svima jasno: Marica mu se dopadala. Prestao je da govori o drugim ženama, a ostale sprečavao da govore o njoj. »Šta je, bre, Adame, pa i Marica ima mindžu. I nju svrbi!« iščuđavao se, tobož, Pavle Conić i namigivao zavernički. – »Ona je drugo«, mrmljao je Adam, treptao, i odmahivao glavom, zašobrcnut, kao da ga je opaučio konj. »A ti, pekar, da ćutiš! Gledaj svoj posao, rećemo. Mesi testo, peci burek, i ne mešaj se u tuđe stvari.«

Ne znam da li je Marica primetila promenu; imala je posla sa i suviše ljudi. Adam je bio jedan od mnogih, jedno od bezbrojnih tela strovaljenih po krevetima. Mislim da nikoga nije opažala. Znala je samo za grimase i bolne, nemoćne i dosadne molbe. Mene bi pogledala pokoji put, i nikog više – tako mi se činilo. Ali zar je Adam to mogao da vidi?

»Ružan si, rođo«, govorio mu je Pavle Conić, »ružan – ko lopov. Mršav si. Ćelaviš. A to je ono najgore. Ne vredi ti što se lickaš, ja ti kažem; ona, burazeru, ludi za debelim, za debelim i kosmatim: kad uvati da ima za šta!«

Ubediše ga da se ošiša do glave. Navodno, posle mašinice *flizura* buja ko trava posle kiše.

S dva litra komovice primamili su Spasoja, bolničkog bricu, da žetvu obavi stručno.

Spasoje je imao slomljen nos i modre, požudne usne. Stalno pripit, rado je pričao kakvu »smokvu« ima ova ili ona sa Hirurškog; on ih je, uoči operacija, brijao.

Na prvi dan Pobede, iako se nije radilo, došao je odmah. Došao je zbog rakije. Posadio je Adama nasred sobe i počeo da ga šiša. »Posle, prikane, kad počne da raste, ima da budeš ko Ramon Novaro!« Ni Adam, niti iko drugi, nije znao ko je Ramon Novaro. Pa ipak, u tom času, kada su se iz dana u dan slušale samo reči: Tito – Staljin – Leka – Đido – Rokosovski – Čerčil – Truman – Tolbuhin – Molotov – Koča – Peko – Montgomeri – Ajzenhauer – Hitler – Draža – Musolini – Ante – Romel – Makartur – Paton – Lola – Sava – Žukov – Konjev – Krcun – Moša, to ime zvučalo je vrlo ubedljivo; Adam se Spasoju prepustio bez dvoumljenja. Bajka o budućem divnom vrtu, što će koliko sutra naseliti kržljavu vegetaciju na njegovom temenu, opila ga je očas. Tokom šišanja bio je nestrpljiv, uznemiren; svaki čas je skakao sa stolice i jurcao do Belisima, da pogleda u ogledalu svoj lik.

A taj je lik sve više podsećao na krompir. Sa svakim pramenom koji bi mašinica požnjela uz sitno caktanje, i koji bi kao crn otkos pao pored uha na rame, a s ramena na pod pokraj raskrečenih nogu, Adam se, nama naočigled, unakažavao. Lišena dlaka, glava mu se smanjila. Više nije bila samo tupava – postala je čvornovata. Naboran vrat izvijao se ukrivo iz ćoškastih ramena poput pomodrele šije u ćuraka; žuta lobanja, na potiljku i oko ušiju tamna od plavkastih mrlja, najednom nam se učinila jadnom. Niko se više nije smejao.

»E, ta-a-ako!« lupio je Spasoje dlanom

o dlan, nadušak ispio pola flaše i pevuckajući *Timočki smo mladi partizani* odvrludao niz stepenice. U sobi nastade tišina. Adam ode na svoj krevet trljajući dlanovima glavu; izgledao je zbunjen. Ali ne samo on; i mi. Ja najviše – činilo mi se. Bilo me je zbog nečega stid. Slušao sam veselu pucnjavu iz kasarni s one strane Zmijanca, i galamu u parku ispod prozora, žagor po hodnicima, harmoniku na Infektivnom. Ali radost, radost zbog kraja rata, kao da je bila prognana iz naše sobe.

VII

Gluvilo je prekinuo gazda-Miladinov sin: došao je da se pomiri sa ocem. »Ljutio se ti, ne ljutio, ja dođo da te vidim. Otac si mi, sin sam ti, zar da se mrazimo kad je sav narod radosan, i kad, na priliku, počinje novi život?«

»Kako reče?« trže se gazda Miladin, zadrhta, sličan čabru punom kišnice.

»Paaa, eto, svi tako kazuju«, zakenjka sin, cijuknu kao miš; mi živnusmo. Sede na ivicu, na isto mesto na koje je gazda Miladin prisiljavao i mene da sednem, ali gazda Miladin s gađenjem oturi sina. Čovečuljak ustade, malecan, nikakav. Okrete se i pogleda ženu; sledila ga je kao senka.

»Nemoj, tato, molim ti se«, zavapi ona, koraknu nečujno i zaustavi se kraj muža.

Bila je zaista lepotica, baš kao što su i pričali. Visoka, bele puti, uskog lika, s tankim, jedva uvijenim nozdrvama i rumenim usnama finog kroja. Nikada ne bih rekao da je sa sela: ti »piroćanci«, taj narod iz zabačenih krajeva, zdepast je, sitan rastom i crven u licu; nosevi su im zatupasti. »Nek priča on, tato, šta oće, pusti ti njega: sad nam i kučići po Vrbovači kevću da je došlo novo vreme i drugi život... Al neka nam *ti* ostaneš, tajo; zato smo došli, makar mi u lice pljunuo...«

Posle tih reči žena obori kapke, ugrize usnu. Ostala je da stoji kraj svekrovih nogu, smerna i ponizna na onaj prastari način po kome se zna red u kući, prema starešinstvu. Ali, videlo se, bila je sigurna da će uspeti u onome što je naumila. Time je odisala čitava njena figura, stav, smerni ponos iscrtan linijom čela, nosa i usana, i šiljata, prkosno isturena brada, povezana svilenom maramom. Ispod marame, kraj ušiju, upredalo se crno pramenje teške i guste kose.

Gazda-Miladin ju je gledao dugo. Pogled mu je bio suv, ispitujući. Bilo je prvi put da mu vidim izoštrene oči, pune tamnog sjaja. Doticao joj je obraze, glatko čelo, duge, senovite trepavice. Odmeravao ju je kao čovek koji zna sve vrednosti njenog tela. Odmeravao je s takvom pažnjom da sam se zbunio, ja, dečak, tek na pragu mutnih prostranstava u čije dubine još nisam uspeo da kročim.

Posmatrao ju je ukočeno, u potpunoj tišini. Videli smo: vaga je, odmerava joj i telo i dušu; sravnjuje šta je vrednije od to dvoje, i da li je istinito, i da li je – njegovo. Posmatrao ju je, čerečio, kidao pogledom kao vreću, ali žena izdrža sve to, i ne bi joj nimalo neprijatno što je svlači i razodeva pred drugima, a znala je – osećalo se to u vazduhu – bila je čitavim bićem svesna da je kao kakav spomenik – spomenik njegovoj moći – izložena svačijem oku.

Na muževljevom licu, žutom i zbrčkanom kao bablji dlan, zaigra halapljiv smešak. Ona ga opazi; isturi koleno i munu muža u slabinu – toliko je bio mali, do pasa joj. »U tvoje zdravlje, tato«, pohita zdravicu, i iz šarene, lepo izatkane torbe izvuče bardak, dodade ga mužu. »Da Bog da«, reče ćosa, pogleda ženu upitno, kao dete, prekrsti se, stište bardak obema ručicama i otpi, pa ga pruži ocu.

»Ne smem, Rade«, odbi gazda Miladin; »zabranjeno mi je.« – »Ma uzmi samo malo, gutni, sevap je«, ponovi žena, odasu, po običaju, rakiju na patos i dlanom obrisa grlić. »Da znam, oco, da se sreća na ovaj dan vratila i u našu kuću.«

Gazda Miladin je pogleda još jednom, ali sad kroz žućkaste i razvodnjene suze, prekrsti se, pa povuče. Iskrivi se, zakašlja, učini mi se da će se rasprsnuti.

Posle su prineli stolicu uz krevet i na njoj rastrvoljili pogaču i pečenje. Jeli su dugo i slatko, kao da su na njivi. A mi, ostali, ćutali smo i gledali ih, i slušali gazda-Miladina: raspitivao se preko zalogaja jesu li volovi potkovani, da li su skuvali sapun, jesu li se prasile krmače i da li je gradina u Topliku zasađena na vreme.

VIII

Kad su otišli, ostao je u položaju u kome je preležao i prethodna dva-tri sata, razgovarajući. Sad se nije pomerao. Nije, čak, ni disao onako glasno kao pre; učinilo mi se da je splasnuo, da je stanjen, manje nadut nego dotad. Umreće – pomislio sam. Istog trena kao da je i Pavle Conić, pekar, pomislio isto to. I kao da se uplašio takve slutnje, on se najednom osovi na Adama – bejasmo ga neko vreme zaboravili. »Čuj ti, apsandžijo«, reče praskavo; izgledalo je da svojim glasom cepa tišinu. »Tek sad si ga ugasio, burazeru. Jesi li se pogledao u ogledalo?« – »Jesam«, promrmlja Adam, pokriven US ćebadima do grla. Videlo se: nesretan je, nerado mu se priča. – »I... sad! Na šta ličiš, a?... Na strašilo!« odbrusi pekar.

Adam ne odgovori. Ćutao je ututkan u ćebad. Kao da mu je bilo hladno. Tek posle duže pauze progovori. »Šta mogu... Rećemo, ti si me natentao...«
»A šta će Marica da kaže kad te vidi tako ožulenog?« nastavi pekar. Ali, na moje veliko iznenađenje, Adam ostade miran. Činilo se: najednom se pomirio sa sudbinom. – »Ti nju u ovo ne mešaj«, reče i okrete se na drugu stranu. Imao sam utisak da mu je svega dosta. Spuštao se sumrak. Rumena svetlost sa zapada prodirala je ukoso u sobu, u njoj su poigravale hiljade čestica kojih je verovatno oduvek bilo tu, koje smo udisali i izdisali, i koje su, valjda, već postale deo nas samih. Sad, gledajući kovitlanje tog praha, učini mi se da ga prvi put vidim. *Otac je prepun toga* – pomislio sam u taj čas – *prepun, do grla. Ali, u njemu se prah ne klobuča; u njemu se – taloži. Očvršćava gar u njegovim plućima, postaje čvrsto telo. I, kad se jednog trenutka sve te čestice zbiju, kad se pretvore u kamen, njega više neće biti.* I tada, u taj zalazeći čas, u suton drugog dana Pobede, u deliću vremena kad sam kroz odškrinuta vrata video kako hodnikom, kroz sumrak, nečujno plove kolica s telom mrtve babe, kako otiču i iščezavaju (valjda su uspeli da pronađu ključ od mrtvačnice – pomislio sam), meni se moj otac učini skamenjenim: telo nekog Rimljanina, u Pompeji, okamenjeno lavom...

Narednog dana, pred zoru – bio je to 11. maj 1945 – gazda-Miladin poče da jauče. Probudili smo se i utišali. Gledali smo u ugao iza vrata, u ono tamno ćoše, i u postelju na kojoj je gazda--Miladin sad ležao otkriven, podbuo, napet kao crknuta ovca. Obasjan mesecom izgledao je beo, sličan utopljeniku. Ležao je na leđima; šakama je stiskao šipke, oči su mu bile uperene uvis. »Upomoć! Umirem!« krkljao je guseći se, ali niko od nas – ni ja – nije se usudio da ustane. »Ubiše me, u-u-ubi-še...« Zapomagao je, ječao, dahtao, ponovo dozivao u pomoć. »Jaoj!« vapio je, »jao, majko moja! Pomagaj, narode! Jo-oj!... Sve dajem! Sve što oćeš! Sve što ti duša ište... Ej, mali! Mali? Gde si? Čuješ li me?...« Dozivao me je, ali ja sam ćutao, šćućuren u krevetu; nisam se usuđivao ni prstom da mrdnem. »Pomagaj, sinko«, zvao me je, »sve je tvoje!... I kuća! I njive!... Sve dajem! Upo-moooć! Ja-hoj! Joooj...« Ređao je, tako, satima, sve što mu je palo na pamet: kuću, štale, zlatne grivne i dukate, sanduke sa suknom, svilom i lanenim platnom, pominjao šume po Zjapini, vodenicu u Krčmaru, livade kraj Timoka, prizivao po imenu goveda, svinje, ovce, kokoške, plovke, guske, hvalio rakiju i vino, vunu, orahe, kante s mašću, peškire, jastuke, jorgane, ponjave, čaršave, opanke, smokve i suvo grožđe (pitao sam se, zbunjen, odakle mu), nabrajao ambare, koševe, vinograd, konje, amove, gradinu u Topliku, kola, fijaker. U osvit je ućutao. Pomislio sam: gotov je. Sat kasnije – jutro je već bilo razvodnilo bolničku tminu – on poče ponovo da cvili, ali tužno, poslednjom snagom. Više nikoga nije dozivao, niti ikog pominjao, tonuo je u bol, u samoću, pomiren sa sudbinom.

Negde posle šest dođoše lekar i Marica. Lekar je pogledao gazda-Miladina i izišao. Marica se vratila sama; nosila je tanko gumeno crevo i posudu od stakla. Prišla je krevetu, otkrila gazda-Miladina, svukla mu gaće. Gledali smo šta radi. Videli smo kako se rukom maša za onu nemoćnu staračku stvar, kožni visuljak između otečenih nogu, jadan, zbrčkan i modar kao olovo, i kako kroz otvor uteruje crevo u bešiku. Već u nesvesti, gazda-Miladin je skičao kao pas. Tresao se. I tad, dok je crveno crevo prodiralo kroz kurac i posle, kad mu je Marica stala da gnječi trbuh, on poče da peva. Zapevao je poznatu pesmicu: *Tri livade, nigde lada nema*... Iz creva kanu mutna vodica, pa stade. Marica izvuče crevo.

Zatim dođoše dva bolničara noseći platneni paravan i ogradiše gazda-Miladina od nas. U jedanaest i trideset, u vreme vizite, lekari konstatovaše smrt.

Pred ručak ponovo dođoše ona dva bolničara, rasklopiše vrata i uguraše kolica s nosilima. Jedan gazda-Miladinu proturi šake pod pazuha, drugi ga dohvati za noge; rekoše: »Jebem ti, al je težak, ko tenk!« i prebaciše ga na kolica. Telo zadrhta, belo kao sapun.

IX

Istoga dana, pred veče, na »krevet gazda--Miladina« (tako smo prozvali tu postelju u uglu, iza vrata) leže crkvenjak, bez jednog oka. Imao je oštru prosedu kosu, a jedino oko, desno, bilo mu je crveno kao u zeca.

Crkvenjak je bio namćor. Ćutao je i kažiprst držao uspravno. Preko kažiprsta bila je navučena kožna navlaka; tako je prst izgledao duži od ostalih.

»Šta ti je to?« upitala ga je bolničarka Vida, debeljuškasta žena, masna i vesela. Pojavila se umesto Marice; Marice nigde više nije bilo. Kao da je posle smrti gazda-Miladina propala u zemlju.

Crkvenjak ne odgovori. Skide s prsta navlaku i mi ugledasmo dugačak nokat, crn, šiljat i podvijen, kao kandža. Nokat je bio dug gotovo pet santimetara – trn a ne nokat. Vida se zasmeja i pljesnu šakama.

»Što se ceriš?« reče na to crkvenjak. – »Čuvam ja taj nokat, opajdaro, čitavu okupaciju, ja! Drugi su čuvali glavu, a ja – nokat!« – »Pa koj će ti moj, s oproštenje«, reče Vida i ponovo prasnu u smeh. – »Kako: šta će mi? E, baš ste vi žene glupače; ko vas stvori da mi je da znam! Šta će mi, he! Pa da pišem!«

Vida se uozbilji; pogleda ga sumnjičavo. – »Šta me gledaš?« reče crkvenjak i upre prst uvis, kao prorok. »Raseći ću ja njega jednog dana, ovako, vidiš?... Ovako: uzduž! Onda, na kraju procepa, čika Viden ima da probuši rupicu i – gotovo! Pero, opajdaro, ferštenzi? Pero i – prst! Zamočiš prst u mastilo i – pišeš! Ferštenzi?« – »Pa šta će ti to, crni Videne?« upita Vida i opet se pljesnu po butinama. »Ima olovaka, čoveče! Ima i perca, poslala Unra. Svako đače nosi pero... A i penkalo može da se nađe...«

Crkvenjak je odležao tri dana. Probadalo ga u grudima, žalio se na srce. Rekoše mu da mu nije ništa – *nihil* – i on ode. Krevet ostade prazan.

X

U pet, znači posle spavanja, Vida je donela toplomere; Marice ne beše već četvrti dan. I kao i obično, mi smo izmerili temperaturu. Vida je pokupila toplomere – behu sve ruski, debeli kao palac, zdepasti; a bilo je i američkih, tankih, sličnih staklenoj slamki, ali su se lomili – stresla ih, poređala u kartonsku kutiju i temperaturu upisala u bolesničke liste. Posmatrali smo je kako uzima kutiju s toplomerima i stavlja je pod mišku, kako se bliži vratima, kako njiše debelim guzovima, i kako odsutnom kretnjom hvata mesinganu kvaku, pa zastaje, odlazi u ugao, naginje se nad prazan krevet u kome je ležao crkvenjak, skida s pokrivača trun, a potom, pogleda ovlaženog veselom začuđenošću, izlazi u hodnik. Zvonio je hodnikom njen korak tanko i staklasto, i utihnuo u dubini, kraj vrata od ambulante.

»Ej, Adame?« oglasio se tada Pavle Conić, pekar. Adam skloni peškir s glave; beše zahladnilo, duvalo mu je oko ušiju. Okrete se. »Ne šljivi te ni Vida, a ni Marica, a?« reče pekar.

»Kaži šta oćeš?« prekide Adam nevoljno. Iskrete se na stranu, peškir mu spade s temena. Ispruži ruku, otvori nahtkasnu, izvuče odande bajate okrajke; poče da ih žvaće.

»Da obrijemo tu tvoju tintaru?« upita pekar. »Ima da budeš lep, ko Lenjin!«

Adam sleže ramenima. »Pa već si me ošišao« – i protrlja dlanom retku strnjiku po ćeli. »Radi šta oćeš«, promrsi, pa se presamiti preko kolena.

Pavle Conić ogrte bolnički mantil i priđe Belisimu. »Davaj, Belisimo, onu tvoju bricu da na Adama nakalemim flizuru!«

Italijan ga pogleda; videlo se: nije ga dobro shvatio. Pekar zastruga prstom po bradi oponašajući brijanje. »Si, si!« uzviknu Italijan, dohvati sa nahtkasne četkicu, aluminijumsku šolju i nož. Pruži ih pekaru.

»Fala, Belisimo«, reče pekar, pa priskoči Adamu. »Ti molto bene Talijano. Si!«

Ućutali smo. Sad su sve oči, oči svih nas koji smo ležali u sobi broj 5 Internog odeljenja Gradske bolnice u Vranovcu, bile uperene u Adamovu lobanju.

Pekar nasu vodu u šolju i napravi sapunicu. Brzim pokretima nasapuna Adamu glavu, poče da je brije.

Ispod brijača ukaza se glatka koža. »Tako, burazeru«, coknu pekar, »tako se valja. Sad će mesec da nam svetli i danjom i noćom.«Ućuta, očekujući da Adam plane. Očekivao je da će bar nešto da kaže. I mi smo bili nestrpljivi; stiskali smo vilice da ne prasnemo u smeh. Ali, Adam je ostao miran. Samo podiže glavu da vidi ko ulazi u sobu.

Bila je to Vida. Ušla je po drugi put tokom tog popodneva.

Kretala se nekako sporije. Smeškala se. Nosila je u naručju kotaricu punu trešanja.

Jednog trenutka njen veseli pogled prelete preko mog kreveta; dotače me. Pomislio sam da je trešnje namenila meni.

Sinoć, u vreme njenog dežurstva, sreli smo se u hodniku ispred kupatila. Pozvala me je da uđem. Gledala me je pravo u oči. Pocrveneo sam. Beše mi došlo u zemlju da propadnem: bio sam i suviše mlad – njoj negde oko trideset, meni tek petnaest godina. »Šta je, mali, stra te?« upitala me je i osmehnula se nekako gadno. I kao da je sama postala svesna svoje rugobe, zgrabila me je za kosu, privukla na grudi da joj osetim miris, pa me gurnula prema vratima od naše sobe.

Unutra je bio mrak: svi su spavali. Legao sam, ali me san nije hteo. Tresao sam se od neke neobične, vrele, i dotada nepoznate drhtavice. Kajao sam se što je nisam poslušao, i prezirao sebe zbog kukavičluka: kao i ostali iz sobe broj 5, i ja sam poželeo da budem s njom. Možda više od sviju njih. I zato sam sada počeo da se nadam, potajno, da će mi opet dati svoj tajni mig, i ja ću saznati šta je to žena.

Međutim, Vida ode u dno sobe. Kretala se suprotno od prozora pod kojim sam se ja nalazio. Pomislio sam: možda je trešnje donela svima nama. Ali ona se nije zaustavila ni kraj stola za kojim se nekada, pre no što su ga ošišali, šepurio Adam iz Kupusišta; ode dalje i zaustavi se ispred Belisima.

To me je lupilo kao grom. Pitao sam se: da li je moguće da je poželela tog žgoljavog Talijanca što masti kosu i kraj prozora peva po čitav dan? Čučnula je kraj njegove postelje; počeše oboje da zoblju trešnje i da ih trpaju u usta.

Pekar prestade da brije Adamovo teme, upravi se.

»Ej, ti!« viknu. »Vidosava?«

Ona se okrete i pljucnu košpicu u dlan.

»Kako ti se sviđa Adam... *ovakav?*«

»Sviđa mi se«, reče bolničarka. Ali to beše kazano nekako nehajno. Mahnula je glavom i zabacila kosu. Videh: nije ni opazila šta se sve Adamu desilo.

»A tebi, Belisimo?« nastavljao je pekar mašući kalemarskim nožem. Beše mu teško od pomisli da će se Belisimo u kupatilu oslađiti bolničarkom. »Je li, Talijano?«

»Bellissimo!« reče Belisimo. I u tom trenutku on najednom zinu, preblede, preturi se na leđa i zabaci glavu.

»Šta bi?« upita Pavle Conić.

Vida ustade. Ispruži ruku kao da se budi iz dubokog sna, upre je u ono što se nalazilo pred njom – u telo koje je već bilo nepomično.

Poskakasmo i sjatismo se oko kreveta.

Belisimo je ležao iskolačenih očiju, usana suvih, modrih, otvorenih kao da će nam nešto reći. I dok smo mi zverali kao omamljeni, okoštali od večite ljudske neverice, bolničarka prva dođe k sebi. Istrča u ambulantu i vrati se u pratnji lekara.

Beše to čovek koji me je pregledao kad su me doveli ovamo. I, kao i onda, njegov pogled je i sad bio ravan, pljosnat. Takve sive oči već sam negde viđao; mislim da je to bilo jesenas, na

Timoku, kad smo u jaz Đergove vodenice bacali dinamit. Eksplozija je dizala u nebo čitav vodoskok pobijenih riba.

XI

U nedelju, između dva i četiri posle podne, bila je, kao i obično, poseta. I tada se dogodilo nešto što me je preseklo kao što kosa prereže stručak deteline: fiju! – i ti padneš, a i ne znaš kad si pao. I još uvek misliš – uspavan si, sunce te greje, topli sok ti struji po cevčicama, a pčele i bubamare zuje oko cveta. Tako misliš, a već te – nema.

Majka je došla pre svih. Spustila se na stolicu, otvorila zembilj i na noćni sto poređala piletinu i pržene krompiriće, parče gibanice, lonče s kiselim mlekom, i fišek trešanja. I, kao i uvek, sve to morao sam pred njom da pojedem. Jeo sam na silu – najslađe su mi bile trešnje, vruštale su pod zubima kao zob – a ona je sedela, ćutala i gledala me onim svojim iskolačenim i napetim očima kao da sam na samrti. Ta dva sata protekla su u ćutanju. Šta joj je? – pitao sam se, jer mi je do tada uvek držala pridike: te nemoj ovo, te nemoj ono, slušaj doktore, i, ako je hladno, prekrij se preko glave, nemoj da nas unesrećiš. Ali danas, ona kao da je znala da je Belisimo umro. Spremala se da bolnicu napusti pre vremena. Do sada je izlazila poslednja iz sobe; uvek su je opominjali. Međutim, ovom prilikom je ustala u deset do četiri, pokupila prljave sudove, poljubila me i rekla: »Treba li ti štogod?« Uzgred je pomenula da sada u sobi imaju dva prazna kreveta. »Mogao bi da se premestiš.«

»Zašto?« pobunih se.

»Zbog promaje.«
»Ali, i ovde mi je dobro... mogu da gledam kroz prozor. Vidi se Zmijanac.«
»Poslušaj me«, reče ona, a glas joj zadrhta. »Neću i tebe da izgubim...«

Ćutao sam. Videh kako ispucalom šakom otire suze, i kako joj se ispod beonjača napinju kesice. Nešto me steže u grlu.

»Dobro, šta je?« upitah, a ruke, iako sam hteo da ih ispružim, ostadoše na pokrivaču bez pokreta, kao da su bile odsečene. »Reci. Da nije tati...?«

Ona šmrknu i grčeći lice poče da klima glavom. »Napustio nas je tvoj taja«, zacvile. »Otišao... Pobegao... Više mu nas dvoje nismo dobri.«

»Kako?« procedih zaplašen onim što čujem.

»Eto tako«, reče ona i nastavi da petlja oko rukava izvlačeći maramicu. Ušmrknu se, pokuša da se smiri. »Spanđao se s nekom bolničarkom.« Ruke joj padoše u krilo.

Sledih se.

»Kako se zove?« jedva preturih preko usana. Glas mi postade suv, trošan, kao pesak.

»Marica«, reče mati.

*

Kasnije, mnogo kasnije – ozdravio sam. Počeo sam da živim kao ostali svet. Mogao sam da radim sve stvari koje su mi u danima o kojima pričam bile nedostupne.

Jednostavno, ja sam odrastao.

PITANJE

Krava me pre jedno tri meseca aknu pod grudi, pa reko: ima Boga!

Ja, pope, ko i čitavo naše selo, nisam, na priliku, onako – *religiozan*. Što se praznika tiče – praznujemo; i Krsno ime poštujemo, nema tu šta; a za saranu i krštevanje zovnemo te obavezno, znaš i sam. Al, ko i drugi, i ja velim: dok si živ – živ si, a za posle – kolaj rabota!...

Takvi smo svi, pa i ja. Do zimus, dok me Belka ne bocnu s onaj rog, oštar ko metak – puče mi slezena ko riblji meur; da ne beše doktur Mikajla, dete mu ebem, odo ti ja, pope, na Božije jasle; i za tebe, a i za onog Sredoja »Džukca«, onog našeg selskog grobara na priliku, eto posla do gušu! Bosiljka, ona moja, mesila bi ti pogaču, i gibanicu bi ti ispekla, s lanjski sir, i jabučke bi ti za dečicu s tavana skinula, i plećku levu od onog nerasta što smo zimus zaklali, a meso u pušnicu osušili, da nam se sprolet, kad nastanu posni dani, nađe, i kaiš slanine, za pasulj, pope, tebi bi s čengela otkačila, moja ona Bosiljka. Da me opoješ, molitvu da mi očitaš, i u carstvo nebesko da me ispratiš po propisu, pope! Po propisu, našem, i narodnom, i crkvenom – što se kaže...

Al mojega! Brzu ruku ima onaj doktur Mikajlo, onaj, brate – sin pokojnog Dragutina čelara iz Novo Korito; sve s odličnim izučijo za doktura, e on! Velim, brzu ruku i još brži pamet,

Bog da mu da lak san i dug život. Raspori me on čim me oteraše u onaj beli auto, i čim me, ko mrcinu, baciše u vranovačku bolnicu na aperacioni astal; rknu me Mikajlo s nož, izbuši me ko vreću, izvadi slezenicu, uši me, i – evo! Samo, pitam se, pope, šta li rade s ono mesište na to operaciono odeljenje, kud devaju one ruke, noge i crevuljak – bacaju li to na mačići, Bože me prosti; il teraju na Cigansko groblje, pa saranjuju u male rupe, koliko cipela, ili rukavička – zavisi zašta. Pitam se, pope – nemoj se ljutiš što ne kažem »Oče«; ne mogu, sinko, mlad si ti, živ mi bio, mnogo si mlađi od men, ko sin da si mi, ko da si s mog Zorana vršnjak; di da te zovem »Oče«? – elem, pitam se, i kažem sebi, noćom, kad me spopadne nesanica, u zlo doba, kad se kučići po Zjapinu uzbune zbog tenci i vampiri i karakondžule, pitam se i glavu svoju tada razbijam: ima li Boga...

Jer, ako ga nema, što onda da me ona moja Belka onako izjedared akne s rogom u mešinu, drob da mi pokida, a baš na *onaj* dan, četernaestoga marta, na svetu nedelju, dvajes godinica posle onoga s Ljubu što sam napravio. A? Tačno dvajes godinica, ni dan više, ni dan manje. Skoro, bre, da posumljaš da se o govedu radi, prosto da poveruješ, bre, pope, da je duša Gornjakova ušla u živinče, pa ga Bog meni, Belku mislim, šalje da se sveti...

A ako ga ima, što me onda Bog Otac Savaot ne ostavi sto posto, nego mi doktur Mikajlo cubok izvadi? I što, na priliku, ista ta slezenka ne nastavi sama da živucka brez mene? Što Bog to *neće,* ako ga – ima? A ja, eto, živuckam brez nju, živuckam i pijuckam, a i jem, sinko, ko i pre; i ništa mi ne fali, fala Bogu. Imam i leba i s leba, i svi su mi u kući živi i zdravi, eto, i traktor će kupimo, na kredit, a opel već treća godina ne izbija iz moju avliju – ni na pišanje, što se kaže, peške više ne otodim. Al, opet, san me nekako posle onaj datum, mislim posle taj četernaesti mart, neće pa neće.

Pa velim, pope: ako ima Boga, i ako mi, što se kaže, život poklonio – što mi onda san oduze? I to sad? Što ne mog da se skrasim, da svedem oči bar jednu noć, no dreždim od veče do jutro, i mislim, i razmišljam o tome kako sam živ ostao, a Ljube nema. Mislim, dumam, glavu razbijam, puca mi glavička, ko šipak se napela – a odgovor nigde da nađem, pope, samo što sve više na Boga mislim, i pamet svoju sa njega razglavljujem, pa me tako poneki put spopadne: il ćeš u manastir, Pajčo, il u Toponicu, treće ti nema...

A sve to zbog onaj datum, četernaesti mart, četeres i pete, a i zbog pasulj, što se kaže.

Beše to nekako pred samo oslobođenje, još ti nisi došo u našu parokiju, pope, još si se valjao po pepeljak i krao komšijske trešnje – ajd, kaži: je li tako ili nije? – mislim onda kada su Rusi napali Vranovac.

Elem, baš tad banu u Zjapinu Gornjak, s onaj svoj *leteći korpus,* vratio se s Ozrena, sjebali ga, d izvineš, komunisti, pobili i sve do malo, a ono malo što preteklo – ostrvilo se ko pašče, oči im crveni od pakos i zlu krv, brade im se umeljale i posinjele ko pepel na mrtvo ognjište, a kroz dlake vire im jezici, crni od žeđ i od umor – da pobegneš u nedođiju, pa da se nikad ne osvrneš na tam odakle si pobego. Banuše tako nekako oko pladne, a u selu nikog. Nešto se porazbežalo, zaglavili u aluge i u klisure, da se spasu ako štogod bidne, a nešto od sabajle otišlo na njive: kukuruz da se obere dok ne počmu borbe za Sejmenski dô. A od Vranovac, već, gruva li gruva! S jednu stranu, odande otkude Zaječar, Rusi kokaju i s tenkovi i s »kaćuše«, a s ovu stranu

Vuk Babić s partizani zalama preko Zmijanac, da Švabi ripi na grbinu. Kud će, šta će, Švaba mora, ako oće glavu svoju da izvuče čitavu, uz prugu pa u Vrbovaču, a iz Vrbovaču uz Zjapinu pa kroz Sejmenski dô – što znači: pravac u naše selo! E, tako smo misleli, a tako nam i govorili oni naši starci, oni što su iza sebe imali i Jedrene, i Albaniju, i Solunski front, ali, fala ti Bože, ne bi tako: zaždio Švaba na drugu stranu, prema Boljevac, a kod nas samo Gornjak – teo da mu se »leteći« spoje sa četnicima Đorđa »Graničarskog«. Ali Đorđe, čim je u Vranovac roknula prva ruska granata, ufatio maglu, i Štrpčev mlin, onaj gde mu štab beše, osvanu prazan. Kad se Gornjak s Ozrena vrnuo, poljubio, strvina, vrata, i pravac uzbrdo, pa kod nas; gladan, žedan i ljut!

I – kud će, pope, nego kod domaćina; tako svi, pa i on. A u naše selo najbolji beše moj bata, bata Jelenko, Bog da mu dušu prosti; ne znaš ga ti, pope – bolji čovek na ovaj svet od Jelenka nije bio, slave mi. I dojdoše oni, Gornjak na konju s onu kuštravu kosu – ne znaš gde prestaje kosa, a gde počinje šubara – a ostali peške. Ugledaše batin tomazluk, a tomazluk – takvog ga u Krajini nema, Svetoga mi Nikole – stadoše uz vrzinu, pogledaše, i rekoše: »E, ovde.«

Kad i vide, bata iziđe, vuče onu svoju sakatu nogu – još od deteta je bio faličan, ovde, u čukalj: upao u kljusa što i je stric nam, pokojni čiča Milija, zapeo u vinograd, da vata kučići – klefuca preko avliju i pozdravlja i s onaj narodski, a i dražinovski, pozdrav. »Pomagaj vi Bog, junaci«, veli im on, a leteći otpozdravljaju: »Bog ti pomogao, domaćine!« pa se razmileše po štale i po podrumi, a Gornjak samo cupka, naređuje, šalje patrole i straže postavlja u šljivak i niz reku, čak do Zlodol, a s konja ne silazi. »Domaćine, ručak da nam spremiš«, kaza, pa ode nekud; ispod kopita poče da purnja prašina, prvo golema, pa sve manja i sve tanja; posle se više nije ni videla.

A kad se vrnuo – pladne beše već naizmak, sunce se zakosilo na zapad, a otkud Vranovac gruva li gruva, ko da se primiče ona najstrašnija, gradobitna grmljavina – imo je šta i da vidi: nasred batinu avliju bukću dva kazana puna s pasulj, a između nji Toša »Vampir«, čuveni koljač, spustio klupu iz gostinjsku sobu, a na klupi, pope moj mili, vezan bata, čakšire mu, Bože me prosti, zarozane do ispod žile, opljuštila se stražnjica, spremaju se da ga biju. »Šta je to?« upita Gornjak – pričala mi posle moja Bosiljka; popela se na tavan, pa gvirila, i kroz ćeramidu sve videla, ko na dlan. – I, kaže, »Vampir« samo strelja s one ladne oči, i šetka gor-dol ki besan pas, pa jedva proceđuje kroz one tanke ženske usne: »Pasulj nam skuvo za ručak, gospodine majore, i to posan, banda komunistička!« – »Pa?« pita Gornjak i ne sjahuje, a u moga batu i ne pogleda. – »Pa... devetnaest i šes«, kaže »Vampir« i švićka drenovinom, sve po čizmi. – »Odveži!« naredi Gornjak. I, kad batu odvezaše, i kad on brže-bolje navuče čakšire, Gornjak dojaha do njega, pa reče: »Dobro, bre, Jelenko, zar se s pasulj dočekuje kraljeva vojska, a?« – »Znam ja to, gospon majore«, odgovori bata, a glavu savija sve niže, čini se: do zem će mu pretegne, »znam – s gibanicu i pečenje se to radi, gosti se tako dočekuju u moj dom, znaš ti to, gospodine, dobro ti to znaš, nisi jedamput pri men imo čas i čes kao najmiliji, al sad – nemam.«

»A oni volovi?« priupita Gornjak i pokazuje s korbač na štalu, a iz štalu riče Šaronja pa sve zvoni – tako mi veli moja Bosiljka kad sam se prid veče vrnuo iz šumu; išao tamo da sečem graničevinu za zimu. – »To ne može«, veli moj bata a sve u zem gleda, ne podiže oči s opanak, i drkće.

»A što?« pita Gornjak i objahuje oko oni kazana, bajagi: miriše pasulj.

»Š čim da orem, gospodine?« prošaputa Jelenko.

»Aaa! Za to se ti sikiraš?« kaza Gornjak i poče da se rebeće, »kolaj rabota, Jelenko; brez brigu! Dotle će Rusi kolkoz da naprave u tu tvoju Zjapinu, s traktori će njive da vi oru, a ti samo da ležiš i da mrtkaš s nožice!« I – kazuje mi posle moja Bosiljka – najednom podivlja, ošinu ti, pope moga batu, onako s konja, ošinu posred lica, i poče da se dere. »Za koga mi«, veli, »ginemo, mamu ti goveđu, a? Za koj matrag krv lijemo, za koj se moj koljemo s komunisti, jebem ti božje čiviluče?... Zar za ta dva tvoja vola, je li? Kolji, majku ti goveđu, kolji! Ima vojska da je, nego šta! A ti, oba ova kazana na obramicu da okačiš, pa s nji i s moju vojsku da pođeš, i da ideš kuda i mi odimo – dogod sav taj pasulj ne poješ, jebem te u dupe sakato – do poslednje zrno!«

Eto, sinko, tako to bi s mojega batu... Volove zaklaše, naručaše se, najedoše i napiše, i – odoše. A za njima, ko kuče iza ciganski kola, vuče se moj pokojni brat, klefuca moj Jelenko, ko gudalo se sakrivio, klate se na obramici ona dva kazana s pasulj, ide tako i je pasulj iz dan u dan, ponedeljak, pa torak, pa u sredu, je, davi se s pasulj, i tako pet dana, iz selo u selo i s polje u šumu, do Gorunovac stigo bata s Gornjakovi »leteći«, stigo, al dalje ni makac: već na treći dan pasulj se pokvario, već ga stomak počo da boli, već tada je, pope, s oproštenje, svrćo u svaki džbun, dok ne pade u petak pridveče, i ne poče da se uvija, sav usran. Pao, tako, blizo Gorunovac, nasred put se složio, a kazani se s jednu i drugu stranu u jendek preturili, a bata moj mili leži i povraća, i s onu sakatu nogu grebe po prašuljak.

Tako je i izdanuo, brat moj Jelenko, Bog da mu dušu prosti...

Posle ga njegovi dovezli na kočije, i saranili, ko što je i red... Ja na pogreb nisam bio, beše me Vuk Babić mobiliso u miliciju; čitavu zimu, i čitav prolet ganjali smo dražinovce i vojvodu Marka. Beše to strašno vreme, al jopet, kad razmislim, bolje sam prošo nego drugi, bolje nego na Sremski front da sam bio. A opet, da su me na front poslali, ja ti, pope, ne bi uradeo ono što sam uradeo, nego bi ko i drugi – il bi mi koščice trunule, tamo u ravnicu, ispod neki dud, il bi se vrnuo kući i živeo mirno i spokojno, glava da me ne boli...

A ovako... Ovako: ne spavam, ne šalim se, ne radujem se, ne veselim, pa i ne pričam više s narod ko što je to bilo ranije, mislim – pre nego što me krava bocnula s rog. Sad ti ja, moj pope, samo mislim, mislim na ono što sam uradeo na četernaesti mart, noćom, četeres i pete, i na Ljubu kojeg više nema, osem u moj mozak, i na ovaj drugi četernaesti mart, od proletos; mislim, smišljam, i pitam se: ima l Boga?

Jer, ako ga ima, što sam ja *morao* ono da učinim, pope, a – kad to niko nije od mene tražio?... Ono, istina, ja sam mojega batu mlogo voleo, voleo sam ga, cenio i poštovao više od sviju; kad se setim, reko bi da sam ga od rođenog sina više voleo, al opet, nisam ja Gornjaka, nego Ljubu. A zašto?

I pitam se: ako te ima, Bože, ako iže jesi na nebesi, ko što me učio pokojni pop Stojan Babić, otac onog istog našeg Vuka Babića koji još četeres i prve ode u šumu i diže ustanak, ako si svuda i na svakom mestu, što se *onda* ne pojavi, i što ne učini do kraja ono što si počeo da činiš, te pusti da treći metak opali?

Bilo je to na onaj prokleti dan, četeres i pete, prid veče.

Našli ga u pojatu, iznad Siokovo; mislim – Ljubu. Našli ga izjutra.

Tražili smo vojvodu Marka – već je sloboda ko miris na prolet letela kroz vazduk, već su ljudi i žene i deca i devojće sa rados izlegali na pragove i na krstoput – uželeo se narod da mirno poživi, i da se odmori malko od stra i od rekviziciju i od smrt – al Vuk Babić, i ona dvojica: Blaško Jotić, oznaš iz naše selo, i onaj drugi, što su ga zvali Zeka, nikako da se smire; oće pošto-poto Marka da ufate i da teren oko Vranovac srede načisto. Vojvoda Đergo »Graničarski« beše već pokojni – našli ga mrtvog: ukrutio se Đeša u pčelinjak svojega brata Prvana, a od Gornjaka ni trag ni glas. Ostao još Marko – ko kučiće nas Babić gonio po šume i aluge samo da mu stanemo zavrat.

E, i u jednu takvu akciju banusmo mi u Gornjakovu pojatu poviše Siokovo – besmo samo nas trojica: onaj Zeka što pogibe sutradan kod Manastira, onaj Žuća Jotić, brat Blaška Jotića, majora iz Oznu, i ja, milicija. »Di ti je ćale?« pitamo mi, a on, Ljuba, Gornjakov sin, trepće, i muca »Ne znam«, kaže. Sobuo se, pa s bose noge stoji u balegu, a oko njeg se ovce uzmuvale, pa samo trčkaraju po tor, bleje i zvone s klepetuše; mislim: lele, ako mu je bašta tu negde, pa kad nas čuje, pa kad uleti među nas sas mašinku! – al ne bi ništa.

»Kako, bre, ne znaš?« kaže onaj Žuća, dečko ko i Ljuba, brk im tek počeo da klija. »Lažeš bando!« viknu nekako piskavo i opauči Ljubu posred glavu: pade dečko u balegu ko sveća.

Ispcova Zeka Žuću, odoše u Siokovo, a meni izdadoše naređenje da Ljubu, čim se popridigne, odvedem za Vranovac.

I tako pođosmo na put, moj pope, on napred, ja za njim. On s torbičku okačenu o ramo, a ja sas pušku, onu kratku, talijansku. Sačekam prvo da se obuje, i sira iz kacu u zastrug da metne, a zastrug i projicu u torbičku, pa pođomo, prvo po put, a posle po voćnjaci i šumarci, napravo. Idemo tako i ćutimo, on napred, a ja koji korak iza njega, ćuti on, ćutim ja, izbegavam putičke po kojima narod odi, nešto mi se neće da nas vide ljudi, i mislim na Gornjaka, oca mu, i na batu. Mislim tako i odim, noge me već zabolele, a do Vranovac ostalo još podosta, pa kad izbismo na Babji Vis, i dođosmo do onaj usečeni kamen, s ono ladno i bistro vrelo, ja reko da predanemo. Sedomo, on malo napred, ja iza njega; sedimo, ćutimo, i tek će on prvi:

»Oće l skoro podne, čika-Pajčo? Nešto sam ogladneo, a ovde, vidiš, vodica – ko duša!«

»Podne je prošlo«, velim mu ja, »a ti, Ljubo, ako si ogladneo, jedi brate, koj ti brani?«

Tako ja njemu, pa opet ćutimo, al nekako mi lakše: kad živ stvor čuje glas, toplije mu oko srca. Pomislih: biće dobro, će prođe rat, pa ću se i ja vratim na svoj dom. I tako ti, pope, razmišljam ja, i gledam Ljubu: vadi sira i lomi proju, i prvo parče meni pruža. »Na, uzmi«, kaže, ko da zna da dva dana nisam u kljun turio ni mrvicu, pa se i sam prihvaća jela kao posle oranje. Jemo tako sitan sira i projicu, i ćutimo, a vrelo brboće, mami da se pine. Kad se napojismo, nastavismo put: on napred, a ja za njim. Ćuti on, ćutim ja, al me sada jezik nešto sve više svrbucka, pa ću izjedared, onako, s neba: »Je li, dete, a što ti slaga da ne znaš di ti je roditelj?«

On zasta, stade nekako kao da se spotače,

i pogleda me, sačeka da priđem. Bože, reko sebi, šta mi treba da čačkam mečku, al sad, šta je tu je – priđem i zastanem i ja, zaustavim se ispred Ljubu, a on gleda, još uvek bled od onaj nesves, ćuti, gleda, pa će mirno: »Znam. Ali koja vajda kad mi otac nije u blizinu.« – »Pa di je?« pitam ja, onako trepetljivo, da se Vlasi ne sete, a on će: »Moj roditelj ošo na drugi kraj sveta, čika-Pavle; u Australiju – ako si čuo za nju.«

»Nisam«, velim mu ja, sada već zbunjen. »A šta će tamo, u tu Australiju?«

»Pa da gaji kengure, čika-Pajčo«, kaza on, i osmehnu se; osmej ispade nekako nakrivo. Vidim: usta se smeše, al mu se oči podsmehuju; jasno mi je: oće da me ponizi. – »Pa šta će mu ti... kako ono reče – kenguri?« velim tek da bude nešto kazano, a već me neki led iznutra spoduzima; teo bi da prekinem razgovor. – »E – šta će mu«, kaza Ljuba, a vidim: oće dečko sada da se s mene sprda otvoreno. »Glup si ti, čika- -Pajčo, sve to da svatiš, mlogo si glup. Zaboravljaš kako te zovu!«

Ućutim, zapamtim šta mi je reko, pa pođem. Dan kratak, brzo smrkava; on napred, ja za njim. Idem, bole me noge, spodbilo mi se levo stopalo, pa ključa li ključa, idem tako i gledam ga u leđa: leđa poširoka, još mlada, još detinja, al vrat napet ki u bika – i u oca mu bio isti takav; a iznad vrata kosa crna i kuštrava, ista ko u Gornjaka. Ne pada iver daleko od kladu – mislim i opet mi onaj moj bata Jelenko pred oči, moj mili mi brat, i jedini, a znam – nema ga više. I tako, dok mi sve te bube lete kroz glavu, izbismo najedared na kosu iznad ciglane, a odatle niz jarugu, i pored dva-tri sela, pa na Vranovac. Mrak, nigde nikog, lane kuče pa se smiri, ladno mi, a osećam, između mene i ovo dete razdaljina – sto kilometara! I tako, idem ja a on ispred mene, kad, odjednom – Cigansko groblje. Pomislim: ako presečemo preko grobište začas će se nađemo u Vranovac, a ako obikaljamo do ponoć će se mlatimo, pa što pomislim to i uradim; reko mu: »Teraj napravo.«

On me gleda, svetnuše mu očice u mrklinu, sinuše sumnjičavo, ko da predoseća, i krete stazicom. Zađosmo među krstače i valjda bi sve bilo ko što treba, al ja ti ugleda, pope, jednu šljivu, malo ustran, u sred mrak, a pod šljivom taze raka, tek je iskopali – valjda još to veče, za sutra, za nekog. Vido je, i pomislih: pazi, baš zgodno. I stado! A on oseti da ga ne pratim, pa stade i on. »E pa, Ljubo«, kaza ja odjedared i sa ramena skido pušku, »ako si ogladneo, jopet, ti sedi i jedi, to će ti bude poslednja večera.«

On me gleda, ne miče se; pride mi se, pope, kao – ispred mene nije čovek nego tenac. »Ajde, ajde!« požurujem ga ja i s cevku mu pokazujem na onu svežu i žutu zemljicu što je tek iskopaše. »Sedi i jedi, nemam vremena!«

On sede; vidim: prsti mu se ukrutili, skočanjili se ko grana u zimu, jedva skida torbičku, jedva otvara zastrug, zalogaj mu u usta neće nikako. Čekam; on brknu s prs' u sira, gricnu proju, a sve se iskosuje i gleda me preko rame – vidim: ne veruje.

»Jesi l gotov?« pitam ga ja, a on klimnu i sa mene ne skida oči: stra ga, teo bi da ustane. »E pa, pomoli se, sine Ljubo«, reko ja i repetirah pušku. »Za sebe, ali i za Jelenka, batu moga jedinoga, tvoj ga otac ubi, a da ne trepnu, i to ne s pušku nego s pasulj.« I – okinuh! Al, pope moj mili, metak slaga, ču se samo jedno *čuk*, i ništa više. On se strese, a i na moje ruće curnu znoj, maglica mi pade na videlo, brže-bolje ubacujem novi metak, dižem pušku i nanišanim, kad: cak! – slaga i drugi! Bože! – pomisli ja, šta je ovo danas; ne čuvaš ga valjda, ne brineš se sada izjedared za pravdu i poštenje, nije ti, valjda, stalo samo za Ljubin život, a na moga batu ni da se osvrneš, Bože!? – I, da ne mislim više, da ne buncam, da presečem, da mi se ne tlapi više i ne smućuje, podignem i po treći put onu pustinju, i nanišanim. A on, Ljuba Gornjakov, skućen tamo kao crni otkos, jeknu. »Da Bog da ti, čika--Pajčo, tatko tako život na slamku pio kao što ti sada sladiš moj...«

Beše teško da ga slušam, pope moj mili; ne bejaše to glas, pope, nego kletva; povukoh i po treći put, i puška grunu...

Vido sam samo kako se suljnu niz onu zemlju i glavu pobode u grob. Rekoh posle u Ozni: pokušaj bekstva; koj da posumlja?

Tu noć spavao sam ko zaklan. A sutra, na petnaestog marta, spopade me neka muka i povraćanje; pustiše me kući, da se odmorim. Tamo, u selo, laknu mi malko jerbo sam svaki dan gledo u pustu onu batinu avliju, u ženu mu, crnu i smrštenu ko jabuka u prolet, i dečicu mu jadnu i brez oca...

Posle, dođoše druga vremena – nacionalizacija, otkup, radne zadruge, IBe; nove muke i nove brige, i ja ti se, pope, malko oporavih. Sred svu tu vetrometinu i lom zaboravi ja Ljubu na neko vreme, a posle, kad malko odlaknu i na seljaka, i ja ti poče da živim ko što je i red; to jest, što bi rekla gospoda – *normalno*.

Sve do ovu godinu. Do ovaj prokleti četernaesti mart. Do sudnji moj dan...

Ostado živ, istina je to prava; jedino što više nemam slezenu. Ali Bogu, pope, za to ne zafaljivam. Jerbo, ne znam, pope, ima li Boga ili ga nema... Kaži mi. Pomozi mi da sfatim šta se to sas ljudi zbiva. I s men. S moju glavu i s moje ruće. Ondak, kada sam do treći metak uspeo da dojdem. Kaži mi – pita te, moli te, i kumi te

Bogom, postojećim, il nepostojećim, tvoj Pavle Gligorijević, zvani Pajča »Ćuran«, seljak iz Zjapinu, srez Vranovac, crven i debeo dok mu četernaestog marta slezenu ne izvadiše, a sada mršav. I žut. Od nesna...

HOBBY

1

Sećam se: bilo je mnogo dimova.

Dima je bilo i iznad livada, i kamenite kose pod brdom zvanim Kobilje, i u šumama, i u jarugama kojima se stizalo u Zlodol.

Kad smo se probudili, dolinom je svetlucala slana. Iznad zelenog, s jeseni požutelog, a sada i osedelog travnatog ćilima, vukao se sivi mačji rep – dim iz pojata i iz žbunja. Izbeglice su ložile vatre; hitale su da se zgreju, i da deci skuvaju mleko za doručak. Dimovi behu gusti; puzali su niz potok, padali u dubravu ispod brda.

Dole, pod rekom, crnom i teškom kao olovo, dimovi su uvirali u maglu.

Negde iza tog prostora gruvala je artilerija. Znali smo: Rusi i partizani Vuka Babića oslobađaju Vranovac. Od te neprekidne i mukle tutnjave dimovi su se lelujali kao čaršavi na vetru.

Čim je čuo da Rusi dolaze, i video da u napušteni mlin kod Novog groblja Nemci unose mitraljeze, a na Zmijancu, tačno iza vile braće Štrbac & Co. zidaju bunker, moj otac Stanko Pešić zvani »Džibronja«, rekao je: »Pakuj se!«

»Kuda ćemo?« upitala je mati; pri tome je posekla prst. Posuđe i posteljinu užurbano je trpala u kotarice, u jastučnice, u vreće, i svaki čas oblizivala posekotinu. »Kuda ćemo, pobogu?« bogoradila je tapkajući pometeno po sobama, a otac, u crnom odelu uglačanih laktova i stražnjice usijane kao tepsija, nije hteo da joj odgovori.

»I čime? I kako?« ponavljala je mati.

To *čime i kako* oko podne se zaustavilo ispred kuće. Sakupljajući krpenjače, i stare, predratne kopačke mog druga Cvetka Cvetkovića, ja sam kroz kuhinjski prozor ugledao svoje roditelje; peli su se na pogrebnu kočiju: otac napred, na sedište pored čika-Adama, grobljanskog kočijaša, a majka pozadi, u staklenu vitrinu ispunjenu otužnim mirisima. Pužući kao rak, bauljala je do onog mesta na kome leži sanduk; sela je na jorgan skaupljen načetvoro, i pozvala me.

Nisam hteo da priđem.

Bilo me je stid.

»Dolazi!« povikao je otac, smandrljao se s kola, uleteo u kuću, saterao me u ćoše iza kredenca, i izudarao. Pljuckajući penu kroz olinjale brkove, izvukao me je na ulicu. »Oćeš da pogineš? Oćeš da te nema? Da nas satreš, budalo?«

Hripao je, onako mali, zdepast, i crven u licu, ali ja sam se istrgao i pojurio niz put. Nameravao sam da pobegnem na Cigansko groblje: tamo sam poznavao svaku uvalicu i svaki žbun. Smerao sam da odmaglim bilo kud – što dalje od one staklene sramote na točkovima – bilo kud samo nikako onamo kuda je smerao moj otac, okrugao, pupast, utegnut u crno odelo usijanih laktova, i već pripit.

Ali, nisam stigao.

Pri kraju našeg sokaka nagazio sam na ciglu; cigla se izokrenula, nešto mi je kvrcnulo u gležnju, i ja sam pao.

Pao sam u malter i prašinu; to je bilo ispred

placa Pere »Džambasa«; na njemu je zidana dvospratnica, jedina u grobljanskom kraju. I tada se desilo nešto *strašno:* iz ravnice, sa onog širokog i niskog prostora gde se Timok gubio u daljini, zaurlale su »Staljinove orgulje«. Onako zarivenom u prašinu, učinilo mi se da ptice nisko nadletaju zemlju; obezglavljeno. Taj zvuk zarežao je negde ispod ulice, zašištao kao bezbroj zmija, pa se vinuo nad groblje i iznad varoši. Ispod tog huka postao sam mali, manji od makovog zrna.

Posle, u tišini – tišina me je kao kopito prikovala za zemlju – više se ništa nije čulo. Sljubljen sa zemljom, i ukrućen od nepojamnog, životinjskog straha, nisam se pomerao dok god me nije zgrabila nečija ruka.

Bila je to ruka moga oca.

Klackajući se po kaldrmi, a zatim po krivudavom i neravnom makadamskom putu, iz varoši smo se izvukli neopaženo. Desetak kilometara uzvodno, tamo iza rudnika Vrbovača, na onom mestu gde se reka Zjapina uliva u Timok, skrili smo se u Sejmenski do.

»Šta se to zbi?« raspitivali su se seljaci sačekujući nas pokraj puta. Stajali su ispod šljiva, ili na međama svojih kupusišta. Odgovor nisu morali da traže: odozdo, iz doline, širio se tutanj bitke kao nepogoda.

Iz Štrpčevog mlina četnici vojvode Đorđa Đergovića »Graničarskog« užurbano su zamicali u šumu.

U selu, iako smo stigli pre svih izbeglica, tetka Javorka nije htela da nas primi. Izišla je na prag, sačekala da stovarimo stvari, i tek kada je čika Adam na krstoputu skrenuo ka Bezlišću, prišla je ogradi. Nalaktila se na plot i rekla da joj je kuća puna.

»Pa kuda ćemo, Javorka, pobogu?« zavapila je mati.

Otac je ćutao.

Tetka se useknula u šamiju i promrmljala: »Eno pojate, pod Kobiljem; ako oš, moš...«

I tako smo u vlažnim, hladnim i ljutim dimovima, i u zadahu na balegu koji se po pojati mešao sa mirisom slame i sirovih ovčjih koža, dočekali slobodu. Pa i kasnije, kad smo se volujskim kolima vraćali u Vranovac, i dalje smo imali utisak da na taj smrad ne bazde samo naše stvari i izgužvana odeća, već i kosa puna pleve i sasušenih brabonjaka, a i koža. Bila nam je vlažna od znoja. Pore i bore na vratu i na dlanovima behu crne od nečisti.

2

To da nas tetka nije htela u kuću – nisam zaboravio.

Sećam se najpre njene lepe glave, i očiju, velikih i modrih kao šljive: kao da ih i sada gledam. Takođe, sećam se i njenih usana – imala je puna, pravilno skrojena usta, a nausnice su joj bile posute maljama. Kad sam odrastao, a ona ostarila, te malje su se jače isticale.

Svoga brata, to jest moga oca, nije trpela.

»Ne znam šta joj je?« iščuđavala se mati na onaj način na koji susetke jedna drugu ponižavaju pred trećom. Kao: mi živimo kao što je red, a ona, vidiš – opajdara!

Otac je nije slušao. Muvao se po kući, mešao po fiokama i listao svoje voskarske papire. Bio je zajapuren od rakije i u žurbi. Dotrčao bi iz radnje pokapan parafinom i izvikao se: »Gde mi je *štucpredla?* Opet si mi stumlala fitilj! Šta – koji fitilj?

Kao da ne znaš? Onaj, za slavske! Dokle ćeš da se praviš šašava? Red, red! Dovde mi je tog tvog reda!... Čistunica!... Brrr...«

Tresnuo bi stolicama, prokotrljao se predsobljem i udaljio kroz burjan. Iz kuće, s kuhinjskog prozora, videlo se kako se u korovu, iznad njegovog šešira, njiše crno zrno.

Ono: *ne znam šta joj je* – bilo je upućeno meni: moja majka nije volela da pomislim kako »ne živimo s familijom«.

Ali ja sam znao da otac i tetka Javorka, njegova sestra, ne govore. Otac nije govorio ni s njenim prvim mužem, teča-Radovanom, onim što je umro od rana na Sremskom frontu, a ni s njenim drugim mužem, Vlatkom, kovačem iz Zjapine.

Ta je nesloga poticala iz davnine. Od vremena kada je moj otac napustio školu i otišao u voskare.

»Da se podelimo«, kazao je jedne jeseni. Banuo je u kuću deda Radula i to kazao tetka--Javorki, svojoj sestri.

Tetka se, kažu, zagrcnula. Tek se beše udala – muž joj je služio vojsku, daleko, u Gostivaru.

»Oću da se ženim«, dodao je otac; »valjda mogu i ja da skućim svoj dom!«

Tetka je oćutala. Kažu, nije progovorila ni reč.

Otišli su u Vranovac, u sud i katastarsku upravu, da podele imanje. Posle deobe, moga oca više niko nije video u Zlodolu.

»Šta se to, bre, uvuče u vašu familiju?« pitali su seljaci teča-Radovana čim se vratio iz kadra. A tetki su govorili: »Ti, Javorka, i onaj tvoj Džibronja, ko da niste brat i sestra. Ko da su vi kučke kotile!«

Jednog dana pokojni deda Radule beše rešio da sina pošalje u Negotin, u školu, za učitelja. Kada se Javorka udavala, deda je pred svima rekao otprilike ovo: uskoro, ja umirem. Imam dva deteta: jedno mi je lepo, i zdravo – devojče; a drugo je momče, pametno – filadelfija! Zemlja ćerki a škola sinu! Ti, Javorka, prodaj Toplik ako ustreba, plati škole, nemoj da dete bode ježa s golo dupe. Ostalo – tebi...

Tako je kazao. Posle se napio i kraj Štrpčevog mlina pao s brvna; slomio vrat.

Javorka je, kažu, poštovala želju pokojnika: prodala je njivu i plaćala školu. Ali moj otac se u Krajini svezao s nekakvim »društvom«, počeo da pije, krenuo u kafane i na političke zborove, stao da korteši svemu i svakom. Za čokanjče rakije gađao je ljude mućkovima – najuriše ga i iz škole i iz Negotina.

Posle dugog lutanja po Tekiji i Kladovu, a zatim po Boljevcu i Žagubici, skrasio se u Vranovcu; otišao u voskare. Na vašaru, gde je prodavao sveće, moj otac je upoznao mamu i rešio da se ženi. Naprečac. A pokojni deda Veljko, mamin otac, po zanimanju stolar, pristade da mu dâ kćer, ali tek kad je moj budući tata obećao da će otvoriti svoju radnju.

Za radnju para nije bilo. Tada se otac setio da zemlja u Zlodolu nije podeljena. Otišao je u selo i pogazio želju pokojnog deda-Radula: pare od Toplaka beše profućkao, školu nije završio, a zemlju namenjenu Javorki podelio popola.

»Ću mu se osvetim, živom ili mrtvom«, urlao je pokojni teča Radovan; »detinji grob ću mu preorem, kočice bele da iskopam, kući d odnesem, pa polagačke s čuk da i tucam! Polagačke: sve kost po kost!«

E, od tada moj otac Stanko Pešić zvani Džibronja i moja tetka Javorka nisu govorili.

3

Ruke na srce, ja đak nisam bio nikakav. Čak ni rđav.

Rđavi đaci – to se znalo – bili su živahni. Bili su zaokupljeni nečim što se nalazilo daleko od škole: bili su to pecaroši ili fudbaleri na poljani iza Ciganskog groblja, ili lopovi što su pustošili vranovačko voće; ili skitnice bez roditelja, ili nasilnici i »banditi« (kako ih je krštavao Ljuba »Letva«, naš razredni).

A ja? Ja nisam bio ni »dobar« ni »rđav«. Provlačio sam se na jedvite jade, čitao predratne stripove o Zelenoj smrti, o Flašu Gordonu, o Pendžapskim mrtvacima, o Tri ugursuza. Šutirao sam loptu ali loše, izležavao se u bašti iza kuće, i više od svega mrzeo voskarski zanat. Njime me je moj otac, Stanko »Džibronja«, plašio iz dana u dan. Naprosto, bio sam nikakav i nizašta.

Pa ima li išta što sam voleo, što me je zanimalo? – pitate se, možda.

Evo, da vam kažem: zanimale su me ptice. No ja nisam imao volje da se njima bavim. Otišao bih do golubinjaka starog Žarka kazandžije, ili do mog drugara Cvetka Cvetkovića, čija je kuća bila puna kaveza sa lokerima. Posmatrao bih kanarince ili golubove kako se sićušnim kljunovima biskaju ispod krioca što mirišu na suvi izmet i prašinu, kako piju vodu zabacujući glave ili kljucaju sirak, pa bih odlazio, zadovoljan, ali, priznati moram, i ispunjen osećanjem dosade. Takođe, zanimali su me ringišpili na vašarima. No u našem Vranovcu vašar se održavao jedanput godišnje. A voleo sam i da šetam livadama, da lunjam okolo bez cilja, da posmatram mrave ili vežbe bugarskih vojnika za vreme rata. Ili da piljim u čobanice kraj kojih je posle oslobođenja uvek bilo mobilisanih seljaka iz Zaglavka ili

Crne Reke. A docnije – tada mi je grlo najednom promuklo pa me je moja majka prozvala »petlić«, a to me je jedilo više od svega, više i od oca i njegovih neprestanih pretnji voskom, ringom, fitiljima, švapredlom i štucpredlom – ja sam sâm sebe ulovio da volim i Gordanu Kapisodu, ćerku gospođe Nadežde Vulović-Kapisode, najbolje modistkinje u Timočkoj krajini.

Gospođa Nadežda doselila se u Vranovac iste jeseni kada su joj u Zaječaru konfiskovali *modesalon* i radnju pretvorili u rejonski AFŽ. Napustila je Zaječar i vratila se u Vranovac, svome ocu, proti Želimiru Vuloviću. Uselila se u protinu kuću, u dom u kojem je i rođena – skrovito zdanje sred ogromnog jabučara. Iz tog voćnjaka i ja sam krao jabuke, jednom ili dvared; jabuke nikada nisam voleo. Zbog odvratnosti prema jabukama, a ne zbog straha, retko sam preskakao kameni zid načičkan srčom razbijenih flaša. Ponavljam: zbog jabuka, koje nisam voleo. Ali i zbog protine unuke; nju sam u međuvremenu zavoleo. To, naravno, svojim drugarima nisam mogao da kažem, pa su mi se podsmevali da sam kukavica. Uostalom, to i nije bilo netačno.

Elem, u toj divnoj kući (uz vilu advokata Spalajkovića i Aronovu apoteku beše najlepša građevina predratnog Vranovca), nastanila se i gospođa Kapisoda. Tu je nastavila da prakticira svoj zanat. U Zaječar je odlazila jedanput godišnje, u crkvu, na pomen svome mužu, Slavku Kapisodi, vazduhoplovnom pukovniku Kraljevske ratne mornarice. Pukovnik Kapisoda je hidroplanom, lično, prevezao kralja Petra II u Kairo, ali je tamo umro zaražen amebom iz reke Nila.

Gospođu Kapisodu su nekoliko puta vodili

u Udbu zbog nezakonitog rada; međutim, njeni prestupi nisu mogli da se dokažu. U to vreme nije bilo *materijala* za šešire, a ni modnih časopisa, pa se njen posao svodio na preradu starih kapa i turbana koje su joj donosile vranovačke gospođe. One su svakog prepodneva navraćale u protinu kuću, tobož na *pravu* kafu. Kafu je gospođi Kapisodi slao dever, Nenad Kapisoda, kulturni ataše i pesnik u emigraciji; slao ju je u malim paketima direktno iz Brazilije. Kafa je u to vreme bila retkost, pa samim tim i alibi tolikim posetama. Ali nedeljom, i crkvenim praznicima, sve te stare gospođe – supruge, matere, tašte i babe vranovačkih advokata i trgovaca – nosile su na bogosluženju, na svojim prosedim, čvrsto očešljanim kosama, prerađene staromodne šešire ukrašene perjem, crnim florom ili porculanskim trešnjama; nosile su ih kao na kakvoj modnoj reviji. »Reakcija uvek nađe načina da nam prkosi«, govorili su drugovi iz komiteta, a moj otac, u to vreme već najzagriženiji *frontovac,* dodavao je, prskajući pljuvačku kroz olinjale brkove: »Da prkosi i da sabotira.«

Zbog tih reči ja sam ga omrzao: klevetao je gospođu Kapisodu, majku *moje* Gordane. Kažem *moje,* mada to nije bilo sasvim tačno: jedno je želja, a drugo stvarnost. A stvarnost, ako nije stvarnost, nije ni istina.

Istina je bila drugačija: Gordana Kapisoda, devojče od petnaestak godina, zelenih očiju i tanka nosa, povijenog nad bledim usnama koje su podsećale na raširena ptičja krila, na pticu u letu gledanu spreda, ovako:

a kose crne i sjajne, i češljane pravo niz obraz tako da joj nikada nisam mogao da vidim uvo, za mene gotovo da nije ni znala.

Ali ja sam znao za nju.

Prvi put sam je ugledao na vašarištu.

Drugarica Zagorka Nestorović, nastavnica fiskulture, jednog sunčanog letnjeg dana izvela je školu na probu budućeg fiskulturnog sleta. Naš razred je stajao kraj istočnih taraba vranovačkog fudbalskog igrališta, a prašnjavim je putem sa Zmijanca silazio VI-3. Gordana je u trku zapela za kamen i pala. Ustala je i produžila da trči ugrizavši donju usnu, ali i taj kratki tren beše dovoljan da vidim koliko je lepa.

Vežbe su završene u sumrak. Gladni, premoreni, prašnjavi – razišli smo se kućama. Kod kuće sam jeo kasno; taj obed mi je ujedno bio i ručak i večera. Onda sam prečicom, preko Ciganskog groblja, otišao u varoš, u bioskop. Gledao sam ruski film *Sekretar rajkoma*. Posle filmske predstave nisam želeo da ostanem na korzou; vratio sam se kući. Legao sam pre svih i zaspao. Preko noći su se navukli oblaci, ali ja kišu nisam ni čuo. A sutradan – bio je to jedan od najlepših i najblistavijih dana leta hiljadu devetsto četrdeset i osmog – nebo je bilo prozirno kao izvor, pa se iz Vranovca, video i sam vrh Rtnja – Gordana i ja smo se susreli ispred ulaza u gimnaziju.

Susreli smo se iznenada. Banuo sam pred nju, a ona je stala, i samo me obišla ne pogledavši me. Oborenih očiju krenula je uz stepenice, malo hramajući.

Posle, na odmoru, jurnuo sam kroz ciktavu đačku gužvu, da je tražim, ali nje nije bilo.

Nisam je video ni sutradan. Ni prekosutra. Tek u subotu, pred veče, dok sam ispred kafane *Marselj* grickao pečeno semenje, spazio sam je kako se u društvu dveju drugarica šeta po korzou, i moje je srce silno uzdrhtalo.

Otada sam svake večeri odlazio »u varoš«, prečicom, preko Ciganskog groblja; počeo sam da se i ja po korzou vrtim ukrug. I da strepim hoću li je ugledati. Skraćivao sam »krugove« bajagi da bih u bioskopskim izlozima video reklamu za sledeći film. Počeo sam da bdijem po čitave noći preslišavajući se da li mi je, ili nije, prethodne večeri uputila bar jedan pogled.

Uskoro, ni to mi nije bilo dovoljno. Uputio sam se pred kapiju prote Želimira Vulovića očekujući da se pojavi u dnu voćnjaka, da u pratnji svojih drugarica iziđe na ulicu i lepršavim korakom odleti na korzo.

Nisam imao odvažnosti da joj priđem. Nije mi ni padalo na pamet da joj na korzou preprečim put i ponudim joj se da je otpratim do kuće. Kako da se upoznamo? Na koji način da je osvojim? – mučio sam se iz dana u dan i noći u noć. I kada se sada setim tog vremena, meni se učini da sam ja, u stvari, uživao u toj neizvesnosti, prepušten maštanju i želji za koju nijednog trenutka nisam poverovao da će se ostvariti.

Pa ipak, mi smo se upoznali.

Dogodilo se to krajem školske godine, uoči radne akcije Kučevo–Brodice.

Sala za fiskulturu bila je prepuna. Iz hodnika su nadirali učenici. Zbijali su se uza zidove, peli na razboj, na »jarčeve«, na prozorske ragastove; propinjali su se jedan drugom na ramena.

Bilo je bučno. Zbijeni kao šibice, gušili smo se u smradu na olaj i na morsku travu što se istresala iz dotrajalih strunjača. Sa dna dvorane, sakatim kukom oduprt o sto za nastavnička većanja, govorio je drug Uglješa, predsednik Usaosa, skojevac i invalid sa Sremskog fronta. Agitovao je da se svi upišemo za radnu akciju. Kraj njega je sedeo gospodin Jurišević, direktor gimnazije, pa neke profesorke, i na kraju Ljuba »Letva«, naš razredni. Izuzev njega, svi su bili smrtno ozbiljni. Jer drug je Uglješa grmeo o socijalizmu i lepšoj budućnosti. Na kraju se osovio na izdanke buržoazije, što na sve moguće načine sabotiraju socijalističku izgradnju. Pomenuo je nedolične stvari, kao što su igranke, malograđanski žurevi i pisanje »uspomena« u spomenare. Udario je pesnicom o sto i zatražio da se raskrinka i »raskritikuje« sav taj šljam. Zatim je ućutao cokćući šupljim zubom.

A onda je došlo ono *nepredviđeno:* tišinu je prekinula sekretarica VI-3; izjavila je da je u torbi Gordane Kapisode pronašla spomenar sa malograđanskim pesmicama. Izašla je nasred sale, rasklopila nekakav album svetlih i mekanih korica, i počela da čita:

Bedna dušo moja, sudbu svoju svuci
Sve do u sumrak svog poslednjeg časa...

Počeo sam da se panično osvrćem ne bih li ugledao Gordanu, ne bih li joj nekako – nisam znao kako – pomogao. Neko, neka maturantkinja, prošaptala je iza mojih leđa: »Pa to je Rakić!« – ali ja nisam imao kada da istražujem ko je te stihove napisao; želeo sam da pronađem Gordanu, no nje nije bilo.

Pesma je pročitana u najvećoj tišini, a ja sam za sve vreme osećao kako mi navire krv u glavu, kao da me neko javno, ispred sviju, svlači do gola. »I? Šta tu *nije u redu?*« upitao sam čim je sekretarica VI-3 ućutala – najzad! – a uši su mi bridele kao da mi je neko udario šamar, mučki i iz sve snage. »To su pesme Milana Rakića, pa šta?«

Muk je iza mojih reči najednom postao dubok i crn. I kako je muk postajao sve dublji i sve crnji, ja sam počeo da zveram u dno sale, ka stolu za kojim su sedeli profesori; očekivao sam podršku od Ljube »Letve«. Već sam rekao: »Letva« je bio naš razredni a bio je i profesor srpskog jezika.

I zaista, Ljuba me je pogledao, uzdahnuo, i zafijukao sipljivo, ali gromoglasno:

»Bravo, Pešiću! To je *Pandurović,* Pešiću! Sima Pandurović! Sedi, govedo! Odlično! Kec!«

Nastao je urnebes. Ja – da propadnem u zemlju. Nastavnici su vikali: »Tišina!«, »Mir!«, »Deco, šta vam je?«; drug Ugljеša je ponovo urliknuo da nije reč o pesmicama, niti o tome kakve su i čije, nego o dekadentnoj zabavi buržoaskih gospođica, što svojim otrovnim zadahom truju *zdrave snage,* a ja sam se kao najveći bednik, sav izboden bezbrojnim podsmesima, izvukao iz sale, pa kroz hodnik – napolje, na ulicu.

Jurnuo sam kao bez glave, i stao. Zaustavio sam se nasred skvera, ispred poslastičarnice *Istambul.* Zastao sam da odahnem, da se sredim, i da pogledam šta sam to učinio od sebe i zbog čega. Ali nisam uspeo da sklopim nijednu misao, čak ni da umirim lupanje srca: začuo sam tanak, usitnjeni zvuk ženskog hoda, i već sam sledećeg časa osetio lak dodir po nadlaktici. Okrenuo sam se i ustanovio da se i bioskop, i poslastičarnica, u čijoj sam se senci nalazio, i okružni sud, i gimnazija, i kafana *Marselj* – okreću, okreću, okreću... da se vrte kao vrteška na vranovačkom jesenjem vašaru, i da se pretvaraju u bleštave koncentrične krugove iz čijeg centra izranja Gordanino lice, i tanke blede usne, u uglovima izvijene u smešak kao krila ptice u letu, gledane spreda. Uspeo sam da shvatim da to *ona* izranja iz te klobučave magle, da mi se bliži, i da govori otprilike ovo:

»Phuži mi huku, ta-ako! Beskhajno ti hvala; ti si za mene phavi hehoj!«

A potom ponovo iščezava, nestaje.

Osvrnuo sam se; nje više nije bilo. Odskakutala je preko skvera lepršajući suknjicom i mašući školskom torbom, kao kada krojačica raspaljuje peglu. Iščilela je iza knjižare *Bogdan Resavac i sin*, zamakla za ugao, ali u mojim ušima ostao je da i dalje zvoni njen nežan i mio glas, i ono *R,* koje je, izgovarano »po francuski«, mnogo više ličilo na glas *H*. »Ah, Go*h*dana! *Moja* Go*h*dana!« – samo što nisam počeo da vičem, ali sam shvatio da je odletela, da mi je izmakla, i da je nema.

Dao sam se u trk. Za njom.

Nisam stigao ni do knjižare: put mi je presekao kapetan Jotić, šef Udbe za okrug Vranovac.

Zastao sam kao pogođen. Odjednom sam se zbog nečega osetio *krivim*. Zbog čega? – pitate se. Odgovaram: ne znam. Ukopao sam se usred ulice i pogledao ga. Gledao sam ga netremice, čini mi se: čitavu večnost. Ja ga danas, istina, teško mogu da zamislim od glave do pete, i gotovo mi je nemoguće da ga u sećanje prizovem celog, i odjednom, već deo po deo, onako kako sam ga onda sagledao, na kaldrmi, samog, u kožnoj dolami. Na nogama je imao jahaće čakšire i čizme. Desnu nogu je malo vukao; iza potpetice se klobučao oblačak prašine. Bilo je sparno; dolama mu je bila raskopčana; ispod nje se nazirala oficirska bluza opasana kaiševima. O kaiše-

vima je visio nagan. Na okovratniku su bleskali kapetanski činovi.
Ljudi su se razmicali da ga propuste.
Znam samo da sam u tom času pomislio: *ovo je rđav znak.*

4

Sada vam je jasno zašto sam se bunio zbog očevih nasrtaja na gospođu Kapisodu. Napad na Gordaninu mamu doživljavao sam kao napad na mene lično.
I ja sam oca zamrzao.
Ali ne samo ja.
Tetka Javorka ga je mrzela odavno. A od oslobođenja i ostali svet.
A evo zašto.
Moj otac, Stanko Pešić zvani Džibronja, voskar po zanimanju, postao je aktivista.

Postao je frontovski aktivista slučajno.
Zbog pijanstva.
Napio se na Svetog Nikolu, pa su ga oterali u bolnicu. Bio je na slavi nekog trafikanta, i tamo ispio litar i po »šome«, od veštačkog alkohola.
Mama mu je to pijanstvo stalno nabijala na nos. »Jedva su te spasli, bekrijo«, šmrkala je i useknjivala se u pregaču. I čim bi se otac izgubio u burjanu na putu ka voskarskoj radnji, ona bi tom istom pregačom otirala i svoje zborano i kao limun žuto lice.
Pomenutog Svetog Nikolu pamtila je bolje od bilo kojeg drugog, značajnijeg događaja: od tada, od tog Svetog Nikole, život moga oca beše se potpuno izmenio.

Promena je počela krajem četrdeset i sedme, u zimu, u bolnici, kad se bolesničke sobe, zbog nestašice, nisu zagrevale. Jedino su grejali sobicu br. 17, na drugom spratu; nalazila se između hirurškog i internog odeljenja, u proširenju ispred klozeta. U klozetu su cevi od mraza bile popucale, pa je i klozet i hodnik, sećam se, prekrivala žućkasta poledica.

U sobi br. 17. ležao je kapetan Jotić, bivši politkom Vranovačkog partizanskog odreda, a sada šef okružne Udbe. Oporavljao se od operacije desnog kolena: u nekom okršaju pogodio ga je četnički metak u čašicu, pa su je izvadili i na njeno mesto uglavili platinski zglob. Ležao je već tri meseca i umirao od dosade. Iz sobe se po čitav dan čula muzika sa radio-aparata; uvirala je u klozet, ostalim bolesnicima na kratkotrajnu radost. I što je muzika duže isticala iz Jotićevog gnezda, u njega je dosada uvirala sve jače. Uvirala je, useljavala se, naselila svaki kut, i – ostala. A njen miris, taj otužan i zamarajuć vonj koji se razlivao i po ostalim sobama sa po šest i deset postelja, moj otac je osetio pre svih. Nanjušio ga je čim su mu isprali stomak, a mozak i krvne sudove očistili od otrova. Namirisao ga je sred ledenog bolničkog prostranstva i – uputio se u sobicu br. 17. I kako je ušao, tako je u njoj i ostao, izlazeći iz nje samo pred spavanje.

Kako je uspeo da se sliže sa takvom zverkom kakvu je predstavljao kapetan Jotić, i zašto? – to je svima ostalo tajna. Znam samo da me je jednom, kad sam došao da ga obiđem, odveo na prag pomenute sobice, kucnuo i otvorio je, i sa vrata kazao čoveku što je leškario čitajući *Borbu*: »Druže Jotiću, ovo mi je sin.« Čovek je otklonio novine, ali ne beše stigao ni da me pogleda a telefon je zazvrjao i on se okrenuo prozoru. »Alo, Zaječar? Alo, Knjaževac? Alo, alo!« vikao je u slušalicu okrenut nam leđima. Već me beše zaboravio, a i moga oca – tako mi se učinilo. Mislim da je i tati bilo neprijatno. Povukao me je u hodnik i pažljivo za sobom zatvorio vrata. Zatvorio ih je gotovo nečujno, ali ja sam uspeo da pogledom obuhvatim i krevet, i telefon, i gipsanu kladu umesto Jotićeve desne noge – beše okačena o lance i utege – i nebesnoplavu emajliranu peć, i radio.

»Eto, to ti je čuveni kapetan Jotić«, kazao mi je otac nekako snebivljivo, kao da mi se zbog nečega izvinjava.

Posle se moj otac vratio kući. Dva dana i dve noći raspaljivao je ćumur, topio parafin, i tunkovao sveće. Rafove je od poda do tavanice ispunio svećama: i onim kratkim, tankim kao gliste, za pomen ili nedeljnu božju službu u crkvi; i onim upredenim, raznih boja – crvene, zelene, plave i ljubičaste – za svečanosti i rođendane; i onim najvećim, slavskim, debelim kao oklagija, ukrašenim »ružama« od belog krep-papira. »Ruže« je majka preko zime isecala kraj prozora, žmirkajući kroz žičane naočare na vrhu nosa. Drške naočara behu polomljene; majka ih je vunenim koncem vezivala za uši – zato su joj nakrivo stajale.

»Slušaj, Ružo«, rupio je otac iznenada u kuću otresajući sa šešira sneg, a oči mu se sijale nekako ludački. »Ja sam privatni sektor, i to *religijski* – je li tako? – a religiji je... odzvonilo.« Prišao je štednjaku i nad plotnom dugo zagrevao prste ulepljene parafinom. »A sad je drugo vreme.« I onda je počeo da viče: »Batali te makaze i marš u radnju, a ja – zna se: u društveni život!«

Za ručkom je srkao čorbu ne dižući pogled, pa je ustao, podrignuo, zatrupkao kratkim nogama i legao. Spavao je čitavo poslepodne i svu narednu noć. Probudio se samo jedanput; čuo sam ga kako obilazi oko kuće i ispod prozora mokri u sneg.

Ujutro ga nije bilo. Ispod prozora, u celcu, videla se žuta rupica. Preko dvorišta, i preko sokaka, trag očevih gumenih opanaka gubio se u suvom burjanovom žbunju.

Pod snežnim naslagama burjan je te zime podsećao na perjanice.

5

Kuda je otišao moj otac? Gde mu se zameo trag? Kakav je vetar uskovitlao njegovu već natrulu ljusku?

Ne, on nas nije napustio. Nije iščezao. Bio je i dalje tu, u Vranovcu. Dolazio je da spava, da jede; viđali smo ga. Ali on je prestao sa nama da *živi*. Njegov život krenuo je drugim kolosekom, i on se, neznano zašto, prepustio bujici što ga je odnosila sve dalje od kuće, od suseda, od sveta s kojim je godinama živeo mirno. Prvo podsmeh, pa prezir, na kraju i mržnja, opkolili su i nas: mene i majku. Ona i ja ostali smo sami: ni tamo ni amo; ona u praznoj i sve neurednijoj prodavnici sveća, zbunjena, bolesno osetljiva i svakog časa spremna na plač, a ja u svojoj mlakoj lenjosti nezainteresovan bilo za šta osim za ptice, koje me je mrzelo da gajim, i za predratne stripove, koje sam čitao s mene na uštap.

Uostalom, meni je sve to i odgovaralo: nisu me se ticali mitinzi i sakupljanje dobrovoljnih priloga za koloniste u Vojvodini ili Narodnu republiku Albaniju. Baš me je bilo briga za radne akcije i sastanke raznih kružoka i čitalačkih grupa. Mislio sam: bolje je što se u frontovskoj organizaciji moj otac bakće sa svim tim, što urliče na mitinzima i jurca po selima deleći Unrine pakete, i što danima ne zaklapa usta izvikujući parole – ja ću ostati miran, po strani, pošteđen svega onog što se u ono vreme nazivalo *elan socijalističke izgradnje*. U stvari, otac me je nervirao svojom pripitom zahuktalošću, svojim izdiranjem na mamu i večitim pretnjama fitiljem i voskom; kad je odjurio da gradi socijalizam, ja sam odahnuo. Život moj postao je mirniji. I lagodniji, priznajem. Jer, u školi su počeli da mi gledaju kroz prste.

A on, on je u početku ludovao besplatno. Čak se gnušao i pomisli da bilo šta primi za svoj »dobrovoljni rad«. Ali, počeo je da se oblači upadljivo. Imao je na sebi čizme i kožnu dolamu. Bilo je to u vreme obaveznog otkupa poljoprivrednih viškova i stvaranja prvih radnih zadruga u Timočkoj krajini.

Kada se pojavio obučen u kožu – u čizme i jahaće pantalone sa kožnim umecima na kolenima, u kožnu dolamu sa širokim pojasom i kožni kačket – susedi su prestali da zalaze u naše dvorište. Javljali su nam se nerado, kroza zube, i to samo ako bismo se mi prvi oglasili sa *Dobar dan*. Izbegavali su susret i s mojom majkom; i sa mnom, čak. Govorili su: – »Stanko Džibronja majmuniše Jotića; pogle kako se obleko!«

»Smeju ti se, Stanoje«, prekorela ga je jednom mati; »daleko si ti od toga da budeš *budža*, vidiš li našta ličiš: na svinjarskog trgovca...«

»Ti da ćutiš«, promrsio bi otac prskajući pljuvačku, zasopljen, znojav i ljut.

Bio je umoran. Bio je besan: otkup se odvijao traljavo. Seljaci su klali stoku i skrivali žito – na tavane, na pojate, u krečane, u bačve. Zadruge su se osipale, a njega su od mnogog pića i neprestanog drmusanja u džipu bolela krsta. Dolazio je u nevreme, obično pred svanuće, pojavljivao se savijen u pasu, modar u obrazima, žutih beonjača i pogleda koji je gubio ludački sjaj i postajao zao.

Sad je počeo da odlazi u *Marselj*, najskuplju vranovačku kafanu, da banči i da se kocka. Noćima nije svraćao u naš dom: pio je, igrao ajnca sa udbašima i jurcao po selima pretresajući ambare i izdajući naloge za hapšenja. Jednog jutra video sam da o stolici, preko koje je nabacao kožnu odeću, visi i kaiš s futrolom i nemačkim valterom kalibra 9 mm. Ustao sam i prikrao se njegovom uzglavlju. Kraj jastuka se nalazila stolica sa čakširama, crnim sakoom usijanih laktova i kožnom dolamom; na sedištu se svetlucala tabakera, svežanj ključeva i niklovana kašika za obuvanje cipela. Oprezno sam otkopčao preljku i iz futrole izvukao pištolj. Stegao sam ga, odmeravajući na dlanu hladnu težinu čelika. »Da li je kadgod pucao?« pitao sam se gledajući iskosa u usnulog oca, »da li se kugla iz ove cevi zarila u nečije srce?«

U kuhinji je prštala mast; to je mama za doručak pržila uštipke.

Narednog jutra ispred naše kuće zaustavio se milicijski automobil. U dvorište je ušao brkati milicionar noseći ispred nabreklog trbuha poziv iz okružne Udbe. Poziv beše potpisan od kapetana Jotića, lično.

Moj otac je tri puta pročitao poziv, a hartija je lepršala međ uvoštenim prstima kao ptičje krilo. »Evo mene, Bogosave, odma ću.«

Vratio se tek nanoć. Probudio me je tresak stolica i škripa šifonjera; majka nije ni spavala – čekala ga je. »Idem u Zlodol, Ružo, osnivamo kolhoz«, rekao je promuklo i počeo da štuca. Bio je opet pijan, strašno, kao na Svetog Nikolu pre godinu dana.

»A... radnja, Stanoje? Onolike sveće?«
»Radi šta znaš«, rekao je otac, i spotakao se o prag. Sećam se: njegov potiljak, nabrekao i crven kao cvekla, ljaštio se od znoja.

Izgubio se; nije ga bilo puna dva meseca. Činilo mi se da mi je otac iščezao zanavek. Pokoji put, obično u pijačne dane, za njega se čulo samo po zlu: pričalo se da je taj i taj domaćin iz Zlodola odveden u zatvor i da je ta i ta kuća ispraznila ambare, a da su toliko volova i toliko svinja odvukli kamionima u Vrbovaču, na železničku stanicu. Govorilo se da ne zna za milost; da i testo iz kopanje uzima za državu.

A ja?

Ja sam sanjario ispod šljiva u našem dvorištu. Osluškivao sam zujanje pčela oko slatkog soka, gledao oblake i prizivao u sećanje Gordanin lik. Izvaljen u travu pokraj strukova plavog patlidžana, ili pokraj saksija sa muškatlama, ili podvučen pod senke gustih vreža krastavaca, zažmurio bih preplićući prste pod potiljak, sklopio bih oči opijan teškim mirisima leta, i tada bi se svet oko mene smutio u prozračnu šarenu izmaglicu, a iz nje, kao kakvo nestvarno biće, isplivalo bi bledo Gordanino lice omeđeno kurjucima crne kose, i one njene usne u obliku ptičjih krila. Očekivao sam da ih rasklopi i izusti moje ime. Ali umesto njenog glasa i slova *R* koje je izgovarala meko, »po francuski«, kao *H,* čuo bih neke mamine rođake kako joj preko plota šištavim šapatom sipaju otrov u uvo: – te ovoga doveo do prosjačkog štapa, te onoga oterao u Mitrovicu. Znao sam: bila je reč o mome ocu; reč prokletstva i jeda; i ja to više nisam mogao da slušam.

U takvim trenucima podizao bih se sa zemlje i na zadnje vratnice, one što preko poljančeta obraslog burjanom vode u voskarsku radnju, odlazio na Cigansko groblje. Šunjao bih se tamo do večeri, gledao vrapce po breskvama i starice u crnini, a zatim se preko Timoka spuštao u varoš, ka crkvi, i skrovitoj ulici iza nje; u njoj se nalazila kuća prote Želimira Vulovića. Kuća nije ležala uz put, od ulice ju je delio jabučar opasan kamenim zidom, načičkanim srčom razbijenih flaša, i ja sam ostajao da snatrim preko puta kapije, čekajući da se Gordana pojavi u voćnjaku. Očekivao sam, sav ispunjen bolnom a slatkom strepnjom, da se u dnu jabučara popne na ljuljašku što je visila o granama stare višnje; da počne da se ljulja.

Nadao sam se: možda će me opaziti, možda će izići na kapiju, uhvatiti me za ruku i izgovarajući »po francuski« slovo *R,* pozvati da uđem unutra. Očekivao sam to, a znao sam da se tako štogod nikada neće desiti. Jer, jednog nedeljnog popodneva, kada je nebo parala zrika cvrčaka, a vrelina kao sač pritiskala zemlju, ona je sišla s ljuljaške i sa svojom majkom, lica zaklonjenog za prozirni svileni suncobran ukrašen zelenim resama, i sa svojim dedom, protom Vulovićem, dostojanstvenim starcem bele brade i belih obrva, izišla na kapiju, i skakućući po kaldrmi s noge na nogu, prošla pored mene i ne primetivši me.

Stajao sam kraj električnog stuba sveg izlepljenog posmrtnim listama i, sav uzdrhtao, usta suvih od uzbuđenja, pretvarao se da sa umrlica pomnom pažnjom sričem imena pokojnika. A ona je prošla tik uz mene dotakavši me lepršavom plavom suknjom. Prošla je, ali me nije ni primetila. Ili me nije ni prepoznala. Ne znam. Dugo su mi u ušima, koje su ostale zaglunute kao kakvim iznenadnim bliskim pucnjem, zvonile potpetice njenih sandala kao novčići po mramornoj ploči, i njen raspevani glasić, sa onim »francuskim« *R,* cvrkutao je proti Želimiru: »Dhagi deda, nemoj se sekihati, phispeće i ta phokleta potvhda; ne bhini se, molim te...« I ja sam to slušao, danima. Samo sam to čuo, taj njen glas i zveket njenih potpetica. Ma gde da sam: u svojoj sobi, ispružen na krevetu, i nepomičan, ili u bašti, zagledan u lelujavu paukovu mrežu razapetu ispod čandije, ili u školi, zgrčen u klupi, odsutan, udaljen beskrajno od onoga što su nam nastavnici predavali, ili – ponovo – opet, i opet, ispred jabučara prote Želimira Vulovića, zagledan u staru višnju u dubini voćnjaka, ispod čijih je grana najčešće visila prazna ljuljaška, a katkad u njoj ležala Gordana s čašom rumenog malinovog soka u ruci, ili njena mati, gospođa Nadežda Kapisoda, okružena starim gospođama, i lica zaklonjenog predratnim modnim časopisom.

6

Ova slika, što mi i dan-danas lebdi pred očima, iščezla je iz života; odjednom.

Dogodilo se to odmah posle smrti moga oca.

Oca su ubili u Zlodolu; izbo ga je vilama Vlatko Jotić, kovač zjapinski, drugi muž moje tetka-Javorke. Ja, u stvari, ne znam kako se to zaista zbilo; znam samo šta se u ono vreme pričalo po Vranovcu. A o tom je događaju Istočna Srbija brujala godinama.

Govorilo se da se Stanko Džibronja napijao do besvesti; da nije znao šta po Zlodolu radi. Jedni su pričali da je rođenu sestru najurio iz kuće, i u nju smestio štab za otkup i upravu buduće zadruge. Drugi su govorili da ga je Vlatko zbog kukuruza ubio. Govorili su da je moj otac lično pretresao tetkinu kuću, a u njoj je poznavao svako ćoše, pa je tako i nanjušio na plevnji dupli tavan i u njemu kukuruz. – Onda, šta je Vlatku drugo ostalo nego da potegne vile?

A Jota »Džafer«, birov zlodolski, izjavio je na sudu sasvim drugo. Prema njegovom kazivanju selo je te jeseni izgledalo ovako: na jednoj strani ispoštena domaćinstva praznih koševa i staja; na drugoj – nekoliko siromašnih pijanaca i članova Partije što jedva čekaju da stupe u zadrugu. Bilo ih je sedmorica – dovoljno za kolhoz. Ali zemlje nije bilo ni za pod nokat. Zato je moj otac gazdama duplirao obaveze, i svake noći upadao u štale i svinjce: hteo je da ih na silu natera da zemlju dadu u zadrugu.

Spavao je u nedovršenom zadružnom domu, u bioskopskoj sali, na vrećama. Nije se skidao, niti se umivao. Jeo je malo – šta bilo; ono što su mu donosili seoski aktivisti: parče sira, glavicu luka, komad bajatog hleba, paradajz. Ali je zato pio sve više, ostrvljen kao nikada dotad. Legao je kasno i kasno ustajao, a oko podneva, kad su seljaci bili na njivama, upadao u prazne domove pretresajući svaki kut. Tako je »očistio« pola Zlodola; pri tome je sedam pasa ubijeno iz vojničkih pušaka: psi su se otkidali sa lanaca nasrćući na nezvane.

Najveću pizmu pokazao je prema svojima: nije bilo dana a da tetku, ili Vlatka, ne dovede milicija u zadružni dom.

»Gde je mast?« urlikao je moj otac prskajući pljuvačkom kroz prosedi brk; iz očiju samo kuršumi što nisu izletali. »Ovde piše još tri kante, pa gotova obaveza. A?«

»Nemam«, cvilila je tetka brišući suze; »sve si uzeo, sve sam prodala, kupili smo oni pedese kila, dabogda ti na pomanu izneli! Odakle, Stanoje, ajde reci? Odakle?«

»*Rodi!*« glasio je odgovor; »inače – ode ti,

Javorka, u Mitrovicu, kao ja u Kobilje, one jeseni, sećaš li se?... Sve se pamti, Javorka, sestro slatka, sve! I ona pojata, i oni brabonjci! Ništa se ne zaboravlja!«

I tako iz dana u dan: izjutra, pravo iz postelje, ili oko ponoći, iz najslađeg sna, ili u samu zoru – evo ih. Opet ih milicija dovlači u dom, na saslušanje...

A kada je stigla dostava da se u plevnji, između dva tavana, krije kukuruz, otac je sam pošao da pretresa. Upao je u dvorište, a za njim dvoja volovska kola: da se odnese sve što se nađe. Zastao je nasred avlije – tako je kazivao Jota »Džafer«, a ja mu verujem. Zaustavio se usred bare u kojoj se kaljaju svinje, pa se osvrnuo, levo pa desno, i onda ukrug, i osmehnuo: posle deset godina ponovo je ulazio u rodni dom. Niko se nije pojavio da ga dočeka. Ni Javorka; ona je u kujni krpila Vlatkove čarape. Ni Vlatko. Ostao je u štali, da počisti balegu ispod poslednje krave koju im još ne behu oterali. A onda je otac krenuo pravo ka plevnji. I da se tamo nije zadesila tetkina trogodišnja kći, i da moj otac nije slučajno jače zamahnuo vratima, pa su vrata, otvarajući se širom, zakačila malu po glavi te je dete najednom udarilo u vrisku, verovatno se ne bi ništa dogodilo. Ali detinji plač se razneo po dvorištu kao požar, i Vlatko je istrčao iz staje. Ugledao je dete: previjalo se kraj plevnje. Na pragu je stajao moj otac, ozloglašeni »žitar«, stajao je malo zbunjen; čak se i saginjao ka devojčici, da je pomiluje – tako je kazivao Jota »Džafer«, birov zlodolski. Ali – ne beše stigao ni da dotakne dete. Vlatko je u dva skoka bio nad njim. Zamahnuo je i sjurio mu gvozdene vile pod pazuho. Natakao ga je na vile, kao snop.

7

Oca su doterali na volovskim kolima. Bilo je kišovito; kožna dolama beše sva vlažna.

Sahrana je bila bogata: đaci, frontovske organizacije, komiteti, radni kolektivi, delegacije radnih zadruga. Hteli su da ga pokopaju na Novom groblju, ali mama nije dala: zahtevala je da ga sahrane ovde, pored deda-Veljka. I tako je pogreb obavljen iznad same naše kuće.

Cigansko groblje dotada takvu sahranu nije doživelo: venci, zastave, vojna muzika. Od pokojnika se prvo oprostio predsednik sreske otkupne komisije, zatim potpredsednik vranovačkog zanatlijskog udruženja; na kraju i drug Jauković, sekretar Okružnog komiteta.

Jauković je manje govorio o revolucionarnim zaslugama – o očevom samopregornom radu i junačkoj smrti kazivali su prethodni govornici – a mnogo više o kontrarevolucionarnoj zaveri udružene reakcije. Po njemu, prva žrtva te zavere bio je moj otac. Prema tome: radilo se o zaveri kulaka, buržoazije i informbirovaca. Obećao je da će se Vranovac obračunati sa neprijateljima, i da će naš kraj biti uskoro potpuno *čist*.

Sanduk su poručili iz Beograda. Bio je nalickan, sa pozlaćenim okovom i šarenim ukrasima. Grobari su ga dugo i pažljivo spuštali u jamu. Odjeknuo je plotun. Mati je klekla na ivicu groba zajaukavši gotovo radosno: »Doakao ti je, Stanoje, onaj Sveti Nikola, doakao – načisto!«

Podigli su je i odveli.

Kolena joj behu kaljava.

8

Te jeseni Pera »Džambas« bivši preduzimač i naš prvi komšija, stavio je svoju dvospratnicu pod krov. Plac mu je bio tesan, pa je zato kuću i zidao na sprat. Vajkao se što ne može da podigne i štalu – za trkaće konje. To mu je bio životni san; tako je govorio.

Voskarska radnja i dvorište oko nje, ono zapušteno dvorište obraslo u burjan, rešavali su taj problem idealno: Pera »Džambas« je predložio da, u zamenu za radionicu, mome pokojnom ocu i pokojnom dedi podigne grobnicu na Ciganskom groblju.

Majka se složila.

I tako je ružna i kitnjasta građevina, što je više podsećala na seosku crkvu negoli na grob, bila ozidana do Nove godine.

Grobnica je imala ulaz od crvenog mramora. Ulaz je bio zasveden polukružno i zastakljen šarenim trouglastim staklima, a ograda je bila od kovanog gvožđa u obliku koplja.

Unutra, u crnoj mermernoj ploči, behu uklesana zlatna slova:

OVDE POČIVAJU

VELJKO GENČIĆ, STOLAR,
ROĐ. 1887 † 1943

STANKO PEŠIĆ, VOSKAR,
ROĐ. 1910 † 1948

VEČNU KUĆU

PODIŽE IM ZAHVALNA KĆI I SUPRUGA RUŽA,
KOJA SVOGA OCA I SVOJEGA MUŽA NEĆE NIKAD
ZABORAVITI

Iznad ploče u zid su ušrafljena dva porculanska ovala: iz jednog se i dan-danas smeši pokojni deda Veljko poklopljen vlaškom šubarom, a iz drugog tata, mlad, veseo, sa žirado-šeširom na glavi.

Grobnica je podignuta na najuzvišenijem delu Ciganskog groblja – jedina grobnica na ovoj travnatoj kosi. Njen mesingani krst može i danas da se vidi sa Zmijanca, sa zaravni na kojoj su vilu braće Štrbac & Co. preuredili u Partijsku školu. A i iz samog Vranovca. Iz onog kraja u kome se nalazi crkva, i tiha ulica iza nje, sa voćnjakom i kućom prote Želimira Vulovića.

Posle očeve smrti ja u tu ulicu više nisam zalazio.

Drug Jauković je svoje obećanje ispunio: iz Vranovca je proterano nekoliko familija. Za njih su politički faktori rekli da su *sumnjive.*

Otišla je familija nekog Cincarina, bivšeg vlasnika stare ciglane. (Ne znam kuda se odselila.)

Otišao je i gospodin Bosmenz sa ženom, kćerkom i paralisanim sinom. (Bosmenz je nekada bio nadzornik u dijamantskim rudnicima Belgijskog Konga, a pred rat tehnički direktor rudnika Vrbovača.)

Zatim su iščezli i neki Vlasi iz Kladova. (Vratili su ih u Kladovo.)

Pa i bankarski činovnik u penziji, i bivši viceadmiral carske ruske mornarice, gospodin Sergej Rodionovič Čehov, sopstvenik najbogatije filatelističke zbirke u Vranovcu. (Odselio se u Kanadu.)

Na koncu je otišla i gospođa Nadežda Kapisoda, modistkinja. (Odselila se sa ćerkom u Beograd; tamo im se izgubio svaki trag.)

9

Pitate me – kako to: prošlo je preko dvadeset godina, a ja se svega sećam? I pričam upečatljivo?
Kažete: lepo se izražavam.
Pa znate: ja sam odmalena voleo da čitam. Istina – stripove. Sada ih ima u svakom kiosku; koliko vam duša voli. Strip – to je moja uteha. Drugi vole kafane, televiziju, sport; ja – strip.

Živim obično; neupadljivo – što se kaže. Zaposlen sam u grobljanskoj upravi; činovnik – šta ćete; radim svoj posao, a ljudi, hvala bogu, uvek umiru... Živim mirno, čuvam porodicu: imam ženu i dva deteta, a i majka je sa mnom – i jedina mi je strast da sakupljam posmrtne liste.
Strip mi je uteha, a čitulje – hobby.

Ima već tri godine kako isecam posmrtne oglase onih što su za života nosili kakvo čudno ime; lakše je prepisati negoli izmisliti.

Na primer:
DONADA HRKALOVIĆ
FIKRET MUNĆAN
KATUNKO JUHAS
PAULINA ULDRIJAN
SIMEON BIŠČEVIĆ

BELA KARAKAŠEVIĆ
MILICA-MICA PODLIPNA
BAKULJA POMUČINA
HANICA MUJESTIRA
DOMAZETOVIĆ
OGNJEN-GOGA ZOVLJANOV
ĐERASIM CAZINKIĆ
VLASTA KRNOJELEC
ANGELA TRIFUNJAGIĆ
VELIŠA MRAV

Jednoga dana, kada se latim pera i krenem da zapisujem događaje iz našeg života, događaje koji se zaboravljaju, ova zbirka dobro će mi doći. Svako vreme ima svoja imena; kasnije iščile kao i moda, kao muške kravate i ženski šeširi; ostaje samo ono drevno, da se prenosi s kolena na koleno, i iz veka u vek. STANKO PEŠIĆ, na primer – ime je moga oca; to je staro ime, bilo ga je i uvek će ga biti. Kao i ALEKSA SIMIĆ, recimo, ili MARICA POPOVIĆ, ili NADA RADIVOJEVIĆ. I tako redom. Ali, mora se priznati: zato što ih je bilo i što će ih biti, i što su njima preplavljene krštenice u našim školama i krstače na našim grobljima, takva imena postanu dosadna, posive čoveka.

Evo pogledajte ovaj oglas:

Дана 16. августа 1971. године навршава се годи на дана од изненадне и преране смрти нашег великог друга и пријатеља

Милоја – Мила Радића

из Малог Борка

Драги наш Миле, увек те се радо сећамо и не можемо да верујемо да никада више нећеш бити са нама.

Твоји: Бобан, Пуша, Баја (Сурдула), Кум-Мија Чабар, Кум-Ракан, Кум-Цветић, Кум-Мића, Кум-Брана, Божа (Новаков), Жика, Мата, Дуле, Стојан-Столе, Брана и Ћећа.

19314

Pogledajte, i priznajte da su nadimci Milojevih pajtaša slikovitiji i lepši no njegov, i da čoveku oni bolje zaparaju uvo no razni MILOJI, MILIVOJI, MILOJICE, MILISAVI, MILOVANI, MILOMIRI, MILANI, MILUTINI, MILENI, itd.

A pogledajte ovu posmrtnicu koju sam iz *Politike* od jutros iskrojio:

> Ових дана навршава се 30. година од када су 11. августа 1941. године на зверски начин убили на Биврљу брду код Чапљине у Херцеговини наша два брата: деветнаестогодишњег
>
> ## Пухало (Војина) Божу
>
> и седамнаестогодишњег
>
> ## Пухало (Војина) Вељка
>
> матуранта Грађанске школе у Стоцу.
>
> У октобру 1944. године усташе су ухватиле, отерале у злогласни логор Јасеновац и тамо на најзверскији начин убили и нашу мајку
>
> ## Пухало Мару
>
> Непосредно после рата од последица усташких злочина умро је и наш отац
>
> ## Пухало Војин
>
> Обавештавамо родбину и пријатеље да ћемо 19. августа 1971. године посетити споменик на гробљу у Клепцима код Чапљине и положити венце и свеже цвеће.
>
> Синови и браћа Војиновићи: Гојко, др Спасоје, Ристо-Баја, др Новица и инж. Миленко.
>
> 18956

Priznajte: ovakvo prezime se pamti! PUHALO!

U ovom poslu, kojim ispunjavam slobodne sate, otkrio sam svoju novu strast – rekao sam vam već. Čim kupim novine, ja više ne hrlim prvim stranama, već zadnjoj, sa oglasima, i to onim obrubljenim crno, iz čijeg me gornjeg levog ugla vreba nepoznato lice, čovek, žena ili dete, njihov pogled, pogled već ugašen, koji više ne postoji. Ja ga osmotrim, oživim u sebi, pa zatim okrenem oči na ime, čitam ga i prepisujem, stavljam u veliku svesku sa tvrdim koricama kao u herbarijum, i posle mu se vraćam. Ta imena, ako su retka, ili neobična, ili čudna, ako zvone drukčije no ona s kojima se susrećemo svaki dan, počinju u meni ponovo da žive, da izrastaju u pesmu, u *poeziju*. Ta imena, imena ljudi kojih više nema, postaju spomenik.

Međutim, danas se desilo nešto čudno. Nasred oglasne strane za mrtve naleteo sam na ovo ime:

GORDANA KAČAR,

rođena KAPISODA

– i – od toga mi je ponestao dah. GORDANA KAPISODA, moja sudbina, a više je nema... *Posle kraće i teške bolesti* – piše u oglasu i ja iz svega toga ne mogu da saznam ništa, čak je i sam okvir skromnih dimenzija, 5×5 cm, i bez fotografije. Ne znam ni kako je izgledala pred smrt. Ili bar poslednjih godina. U mome sećanju njen život je zaustavljen pre dve decenije, pa i lik. Ja je vidim onakvu kako je izgledala onda a ne sad, ona je za mene onakva kakvu je ja znam i kakvu je za moje srce čuva balzam grčevitog sećanja. I sada, u samoći, ja samo po sećanju smišljam njezin lik. Tako, vremenom, postaje deo mene samog. Uselio se u događaje kojima je pripadao. A oni su se zbivali u davna vremena, u doba kada smo bili deca.

A sećam se: bilo je mnogo dimova. Dima je bilo i iznad livada, i kamenite kose pod brdom zvanim Kobilje, i u šumama, i u jarugama kojima se stizalo u Zlodol...

BRADA

I. PISMO ŽINETA STANČULOVIĆA, BRIGADIRA IV VRANOVAČKE OMLADINSKE DVA PUTA UDARNE BRIGADE, GRADSKOM KOMITETU SKOJ-a VRANOVAC

Dragi drugovi,

Pišem vam zato što je SKOJ za mene najveća svetinja. Nisam član Skoja, to znate – član sam samo Antifašističke omladine. Ali zato ja, Žine Stančulović, učenik srednjotehničke škole građevinskog smera, i proleter, ništa manje ne volim druga Tita i druga Staljina od bilo kojeg prekaljenog člana Saveza komunističke omladine. Jer ja sam već dva puta proglašavan za udarnika (bio bih i treći put da me nije zaboleo zub; zbog tog kutnjaka, peti sleva odozgore, onih poslednjih deset kubika nisam uspeo da iskopam – morao sam da odem u ambulantu, nije se moglo, sav sam se naduo, i levo oko mi se bilo zatvorilo, a i dve noći uzastopce teo sam od bolova da poludim), a udarnici su danas najveći komunisti, rekao je drug Sloba, komandant radne akcije, a drug Sloba zna šta govori. Ono, istina, to zvanje imaju i takvi problemi kakav je, na primer, Antonije Milenković, zvani Tine, sin pok. trgovca i ratnog bogataša Đoke Milenkovića Belog, ali ne bi moglo da se kaže da su među udarnicima buržujčići čest slučaj; ako ništa drugo, a ono naša budnost odma prepoznaje njine namere i zašto zapinju iz petnjih žila. A zna se: da dobiju dobru karakteristiku, pa da odu u Beograd, na medicinu ili tehniku, recimo. Ako, neka rmbače i nek se samo nadaju; fala im za rad i žuljeve na rukama – red je da i oni nešto učine na polju Izgradnje, a ne samo sinovi radnog naroda. Fala im – kažem i vama, kao što sam govorio i drugovima na svim konferencijama i sastancima, kao što i sada govorim, da se zna. Ali ja lično nisam nikada podlegao sentimentalnosti i drugim dekadentnim osećajima, pa im napisao dobru karakteristiku, kao, na primer, drugarica Nadica, jer – znamo im mi nameru, a to je najvažnije. Za ono što si bio diciplinovan i što su ti ispucali dlanovi – svaka čas, dobio si udarničku značku barabar sa proleterskom decom, ali za karakteristiku, e tu će da se pozamislimo.

A drugarica Nadica – vi znate drugaricu Nadicu – e, ona voli da im progleda kroz prste. I, uopšte, mnogo štošta voli ta drugarica, tako da smo se svi mi u nju strašno razočarali i osudili njenu malograđanštinu i nemoral, o čemu vam, kao članovima Gradskog komiteta Skoja za Vranovac i okolinu, i pišem – da vidite da i među nama, običnim omladinskim masama, ima svesnih elemenata, a ne samo u avangardi naše omladine i uzdanici naše Partije – u Skoju.

Istini za volju treba da rečem da je drugarica Nadica na početku ostavljala dobar utisak, mada, priznati se mora, iako ja uvažavam ravnopravnost i ostalo što se tiče suprotnog pola, a na Osmi mart uvek zamenim kevu, pa odem da čekam u red za mleko – prošle godine sam zbog toga zakasnio u školu i dobio jedan neopravdani izostanak, ali mi je razredni to poništio, jer sam diciplinovan – elem, priznati se mora da mi se nije sviđalo što je komandant naše brigade žensko.

Jer, žensko vam je, dragi moji drugovi i rukovodioci – žensko, i tu pomoći nema; sto puta joj ti govori: »Ovako, drugarice, ovako i ovako!« – ona će da te sluša i da radi po direktivi dok je vodiš za ruku ko dete, ali na prvoj krivini ispada iz koloseka, to vam ja kažem otvoreno, pa makar i promenili mišljenje o meni. Ispada – garantovano, samo ako je pustiš, ako, jednom reči, počne sama da odlučuje. A najbolji dokaz za gornji navod služi vam pomenuta drugarica.

Ja, istina, nemam ništa protiv što je ona iz gimnazije a komandant naše Četvrte vranovačke, a mi iz srednjotehničke, niti što je volela da puši, ali, kad se setim raznih detalja i detaljčića, onda moram da vas obavestim da se nisam zabadava pitao što će nama da komanduje popišulja, i to iz gimnazije. Znam, kazaćete, Nadica je iz zdrave radničke sredine, ćale joj kožarski radnik, a keva šnajderka, brat poginuo na Sremskom frontu, a starijoj švesterki promrzli prsti na Crnom vrhu ko Pavlu Korčaginu, na primer, i ja na sve to mogu da rečem – svaka čas. Ali, zar je u redu da nas grdi što spavamo na čitalačkom času, i to samo nas iz srednjotehničke, a zna se ko smo mi i odakle dođosmo u tu školu, a ne u gospocku kao što je gimnazija; nas, kažem – baš mi se žalili Mile »Sodadžija« i Zoki »Babalu«, grdila ih što su »ćebovali« jedno buržujče iz njenog razreda, maminu mazu: sitan, džoljav, samo što se noću ne umoča u krevet; i ime mu džoljavo: Cile Ćuk; – a sa onima svojima iz osmog gimnazije, priča se, išla, čak, i da krade džanarike.

Nju je, dragi drugovi iz Komiteta, mnogo više zanimalo, otvoreno da kažem, kako Južek Kozlevčar iz II mariborske jodluje kraj logorske vatre tako da se psi uzbune sve do Kučeva, nego, recimo, da li su zidne novine izašle na vreme, a vama ne moram da objašnjavam značaj zidnih novina za uzdizanje omladinske svesti, čiji sam ja bio glavni urednik. A ne može se reći da je ja nisam svakodnevno konsultovao šta ćemo, i kako ćemo da nabavimo članke, fotografije i akvarele za naše brigadne novine. Jesam, dici-plinovano. Nije prošlo nijedno poslepodne, kada se vratimo s nasipa, a da je ne pitam. Ali, moram vam reći, dragi drugovi moji, od toga ja nisam imao nikakvu korist – uvek je nešto drugo zanima, uvek nešto diktira štapskom pisaru, juri nekuda sa lekarom i bolničarima, ili telefonira, ili se rebeče sa onim svojim kobiletinama – jednom sam je zatekao kako je liznula prst i ćušnula ga drugarici Milanki u uvo. Jednom je čak i ona skakala preko logorske vatre, iako je to izričito zabranjeno, umalo se nije sva ispekla, a kada sam napisao članak u Zidnim o tome da je selo Jablanik četničko selo, i da je neophodno da kraj bunara čuvamo stražu da nam vodu ne zatruju izdajice našeg naroda, ona me je javno kritikovala pred štabom brigade, ako reč kritika može da zameni reč ismevanje.

  Da, drugovi. Nije se zabrinula što su iz dana u dan naši drugovi kvarili stomake i srali krv. A kada sam ja jedne večeri video neke selce da se šunjaju oko bunara i kad sam im viknuo: »Stoj, pucaću!« – oni šmugnuše u kukuruze. Šta ti tipovi traže noću kraj bunara? – postavio sam otvoreno pitanje u sutrašnjem uvodniku, a Persida Blagojev je lepo nacrtala na crtaćoj hartiji bunar, kukuruze i krovove četničkog sela Jablanik, crtež obojila vodenim bojicama i iznad santrača namalala veliku crnu flašu sa otrovom, flaša je nagnuta, kroz grlić kaplju zelene kapljice u bunar, a na flaši je zalepljena etiketa sa dvoglavim orlom i mrtvačkom glavom, ispod nje parola: ZA KRALJA I OTADŽBINU! »Druže Vajnšeker«, obratila se te večeri drugarica Nadica drugu doktoru, »objasnite prisutnom od čega su nam bolesna ona tri akcijaša, molim vas.« – »Ot disenterija!« procijuka doktor Đula Vajnšeker i ušmrknu se u rubac – znate, on je uvek imao kijavicu. »Ot neoprana zalata i neskuvan rućak!« I, eto – to je prva stvar gde me je drugarica Nadica uvredila: ona je površna drugarica, nezrela za odgovorne dužnosti; moram da priznam da sam se te noći sa bolom u srcu upitao šta takva neozbiljna ženska traži na tako odgovornoj dužnosti kakva je dužnost komandanta brigade. Ali, i u Skoju, drugovi!

No glavna stvar, na kojoj se drugarica Nadica sasvim razotkrila, dogodila se prekjuče kada su drugovi rukovodioci radne akcije krenuli da obilaze gradilište. Dogodilo se nizašto drugo nego zato što nam je komandant žensko, pa nema autoritet. Ja znam da će se neki od vas pobuniti i reći da to nije tačno, jerbo je naša IV vranovačka pod komandom drugarice Nadice postala u jednoj smeni dva puta udarna i da je na putu da osvoji prelaznu zastavicu, ali – pitam ja vas – da li bi to bilo moguće da i mi, ostali, nismo svesni elementi, da i mi nećemo da dademo sve za današnjicu? A da je pomenuta drugarica komandant na mestu da li bi se u jednoj takvoj udarničkoj dogodilo i to da se jedan omladinac, i to udarnik, a povr svega petostruki, pojavi na smotri neobrijan, a? E, to mi vi recite, to mi objasnite, drugovi skojevci, meni, običnom omladincu, ali omladincu koji zna šta je to svest i diciplina; kažite vi meni kako je to moglo da se desi?

A – desilo se. Tačno u jedanaest brigada je bila u stroju ispred baraka, pod zastavom, kao što je i red. Priznajem, u toj masi omladinaca i omladinki nisam ni primetio da Ugljen Vidović, petostruki udarnik iz gimnazijske čete, ima bradu. Niti ja, niti ostali, pa, verujem, ni drugarica komandantica, mada je to njoj, kao i brigadnom ili četnom higijeničaru, bila dužnost. Zašto? Zato što su mu petnaest dana svi oni gledali kroz prste; zato što su sve novine i radio-stanice u čitavoj FNRJ pisali o petostrukom udarniku iz IV vranovačke, pa ga razmazile – počeo drugar da se ponaša; eto zato, ako baš oćete da vam kažem. Jednostavno, on je mogao što je teo i mi smo se svi navikli na njegove ćeife, pa i na bradu. Ono, istina, s obzirom na moju odvratnost prema gospodičićima u gimnazijskoj četi, ja sam retko i zalazio u njinu baraku; ako je imalo šta s njima – a bivalo je: te su nekome rasklopili krevet, pa dotični pao na patos, te su dežurnom namestili na vrata konzervu sa vodom – sav se ispolivao kada ih je noćom obilazio da vidi da se možda ne kockaju, što su i radili, i to krišom, te su nedeljom menjali sa seljacima američki sir za vino, pa onda pili i pevali malograđanske pesme, kao na primer:

*Tri palme na otoku sreče,
gdje mjesec svijetli svu noč...*

– kažem: ako je štogod bivalo za zidne novine, to je posao saradnika, zna se. A moje – da ih raskrinkam.

Elem, zbog toga što sam ih, priznajem, izbegavao – nismo ih voleli, a ni oni nas, mislim nas proleterčiće i seljačke sinove iz srednjotehničke građevinskog smera – ja sam i ostao bez obaveštenja o izgledu pomenutog druga, mada o karakteru – nisam. Nisam, jerbo posle akcije biće potrebito napisati svakome karakteristiku, a kako? – ako ih ne znaš? Ako si neobavešten šta ko misli i oseća, koga voli i u kolikoj je meri odan današnjici? Koliko veruje u Partiju i koliko se zalaže u borbi za svetliju budućnost? Kako – pitam ja vas. I zato sam ja bio taj koji je morao da zna sve. Jer ja sam te karakteristike i pisao. Ja ih pisao, a drugarica potpisivala, the!

Karakter petostrukog udarnika Ugljena bio je naprasit, anarhoindividualistički i bez ikakve sklonosti za red i drugarstvo. A što je pet puta proglašavan udarnikom, to ne znači ama baš ništa: pomenuti Ugljen se još u Vranovcu opkladio s nekim barabama da će pet puta biti udarnik, opkladio se u 5 litara komovice: jedna udarnička značka – jedan litrenjak; da, drugovi moji, možete li da verujete? U rakiju! I – on je tu opkladu i dobio; eto, dragi drugovi, kakve su pobude nagnale diku i ponos IV vranovačke da rinta i danjom i noćom, da se razvaljuje na kompresoru, i da u ime tog svog udarničkog posla pusti i bradu, navodno: nije imao vremena ni da se obrije, toliko je rmbao, simulant jedan buržujsko-aristokratski! (Ovo: »aristokratski« kažem s punim pravom, s obzirom da je pomenuti drug Crnogorac, ponosit svojim plemenom i pradedom, serdarom Vukolom Vidovićem, čiju sliku, uramljenu u crni okvir od nekog tvrdog drveta drži čak i ovde, u svojoj, tj. gimnazijskoj baraci, na zidu iznad uzglavlja.) A za bradu, the, zna se na kome je ona rasla za vreme rata i čije je bila obeležje, što mu je javno, pred čitavom brigadom, i svim prisutnim gostima i rukovodiocima, kazao i drug Sloba, komandant radne akcije, lično.

Svi smo ćutali; sve nas je bilo sram, čak i drugaricu Nadicu, moram reći. Čulo se kako lepeće zastava na jarbolu – tolika je bila tišina, a čuli smo i kako mu Nadica šapuće: »Jesam li ti

govorila, Ugljene, da se uljudiš, jesam li?«
— »Jesi«, rekao je on i isprsio se još više, a grudi mu došle kao brdo, »jesi, al nijesam stigo, znaš i sama.«

»Dosta zabušavanja«, presekao je drug Sloba, »kad se vratim da ga vidim obrijanog. Neću četnike u brigadi i kvit! Jasno?«

»Jasno«, odgovorila je drugarica Nadica i ugrizla usnu. A kada su se rukovodioci popeli u džip i otišli u drugi logor, naša brigada se sklopi oko Ugljena i poče da ga rezili: te — oduzeće nam zbog tebe zastavicu, te — obrukao si nas pred čitavim narodom, te — kako će da nas dočeka Vranovac, a baška ako o tvojoj bradi napišu i u novinama! A on, Ugljen, stoji izrebčen nasred ledine, ruke prekrstio preko grudi, pokrio njima onaj niz udarničkih značaka, češka bradu i gleda u nebo, trepće, žmirka, bajagi razmišlja, pa će najzad, onako široko, kao da drugima čini uslugu: »Dobro, neka bude, jebi ga« — znate, psovao je kao baraba, a to je i bio — »ali pod jednim uslovom. Da me obrije — komandant!«

Komandant — zna se ko je. A gde ste vi videli da žensko brije muškarca, ako boga znate, sem ukoliko nije u berberskom zanatu? Niste, naravno. Nisam ni ja, niti iko živi na zemaljskoj kugli. Zato se ponovo ućutaše, pa se ustumaraše, neki čak pokušaše da ga odvrate, ali ne vredi — tvrdoglava je ta Crnogorčina kao magarac: što naumi to i ostvari, časti mi. Neki su mislili da se zeza, ali đavola! Ode on do ambulante, a to vam je prva baraka levo, a ispred ambulante stoji bukova stolica, a na stolici lavor s vodom i nekom gnojavom fatom. Skide Ugljen lavor, odnese stolicu nasred poljane, pod sam barjak, namesti je pa sede, raščepi noge, odupre se šakama o kolena, zaturi glavu i ruknu: »Brijaj, drugarice, iz sve snage! Nek se zna kada je, đe i kako Ugljen Vidović obrijan! Ho-ruk!«

Mislite da je odustala? Ma ne! Bila je zbunjena ta vaša drugarica Nadica, zbunjena i spetljana, ušeprtljala se kao pile. Trčkara levo-desno, dovlači čaršave, moli brigadiste za brijač, pravi sapunicu od sto kila, čudo! Brigada se okupila u krug ko da igra mečka, Nadica se preznojava, Ugljen koluta očima i škrguće, a sa obraza lopti krv. Frajeri dobacuju – mislim ona bagra iz gimnazije, brigada se valja od smeha, bruka; kažem – ode autoritet! Teo sam da je odmenim, sve mi igra podgrudi od muku dok je gledam kako se muči i preznojava i onom malecnom rukom svaki čas zadiže kosu za uvo, a na kurjucima ostaje sapunica kao snežne pahulje, i popravlja titovku što joj klizi niz čelo, pa pravo na levo oko, al koja vajda kad ona strvina anarhoindividualistička pravi i dalje cirkus – ne da nikome da mu priđe, pa ni meni. »Pitaću te kakva će da ti bude karakteristika!« skresah mu ja pravo u brk, a on koluta onim svojim plavim staklencima i mumla: »Uh, uh, baš me zabole!« rušeći tako pred brigadom i meni autoritet, a ne samo njoj, to jest našem komandantu.

Priznajem, to me je razbesnelo. Otišao sam odma u kancelariju i napisao o tom slučaju članak za sutrašnje Zidne, ali, takođe priznajem, tada još nisam ni pomišljao da napišem ovo pismo, jer mi tako nešto ne bi palo na pamet, da se nije desilo ono što se desilo sutradan: prvo izjutra, a posle – uveče, kod strugare.

Te noći, da li od sekiracije, ili zato što mu opet došlo, tek – meni ponovo planu zub, buknu obraz, nadu se, a u glavi kao da zatutnja kompresor. Tumbam se ja, okrećem, škripi krevet i cijuče – vidim, razbudiću čitavu baraku, pa iziđem da prošetam i da se malo oladim, i uzgred svrnem u kancelariju da otkucam onaj članak o bradi. Otkucam ga ja nekako, sve mi sevaju svetlaci – sva sreća što sam ga sinoć bacio u koncept – pa istrčim napolje i zalepim ga na Zidne. »Dobro je«, kažem sebi, onako, kroz bol, »bar sam novine završio; a sad, šta bude neka bude; ono, najvažnije – mislim – te novine, iziđoše na vreme; kubici nek pričekaju.« I odem da se prošetam. I krenem tako, napravim krug, gledam: razdanjiva se, još malo pa će brigade da se dignu iza sna i krenu u nove pobede. Razmišljam ja tako, mada, priznajem, pomalo mi mutno, ključa mi u vilici pa vidik izgleda nekako roznjikavo; razmišljam i osluškujem petlove i ptice, kad: na tabli, na kojoj vise zidne novine, nema mog članka! Trgnem se, trepnem, prosto da ne poveruješ; al istina, živa, ko onaj moj upaljen kutnjak, peti sleva odozgore: neko uzeo pa lepo pocepo članak, još se gumaraba nije ni osušila. Onako zaprepašćen, i besan ko pašče, jurnem u gimnazijsku baraku – na koga da posumnjaš ako ne na Ugljena? A na pragu već se ladim – vidim: spavaju mrtvim snom, i Ugljen, umalo da ogrešim dušu. I ponovo vam, drugovi moji, počnem da tumaram kroz logor, uzbuđen; bazam uzduž i popreko, i tako vam ja glavinjam, pa me staza dovede i pred štab, slučajno; a u štabu – gori svetlost. Nagvirim, zanima me – ko to još pored mene vampiriše, a imam šta i da vidim: drugarica Nadica sedi u uglu, čupava, neumivena, bunovna nekako, sedi na sanduku za ugalj i zuri u neki akt, čita ga jedanput, pa još jedanput, i dok čita sve čupka dugme na komandantskoj bluzi. Šta li to tako proučava? – zapitam se ja i privučem bliže, na prozor iznad samog pisaćeg stola, kad! – umalo ne padoh sa simsa na koji se načokerih da bolje vidim – drugarica Nadica proučava moj članak! Bistri ga kao poverljivu šifru, pa ga najednom zgužva i ubaci u kraljicu-peć, prosto ga ugura kroz vratanca, jer furuna beše puna do vrha, beše sva nabita novinama, kuvertima, artijama i pikavcima od cigara – nešto od toga se čak i prosu na pod, al ona to i ne primeti. Ode nekud, u drugu kancelariju il pozadi, u sobe, tamo gde su spavali članovi štaba IV vranovačke udarne brigade, drugovi moji dragi!

I, sad, drugovi moji dragi, šta biste vi da ste na mojem mestu? A svesni ste i diciplinovani, i zadojeni najsvetlijim idealima, a? Ajde, recite, voleo bi da vas čujem. Dal bi poverovali u ono što vidite? Dal bi vam palo na pamet da će jedna drugarica sa najodgovornije dužnosti uraditi to što je izgledalo nepobitno? Da će iscepati članak o murdarluku i neredu, kao i o ostalim dlakavim neprijateljskim manifestacijama, da će se na taj način boriti za svoj ugled i da će u isto vreme štititi i slavu našeg jedinog petostrukog udarnika (za kojeg sam ja oduvek tvrdio da je baraba)? Ne biste, naravno. E pa, eto, priznajem: ni ja nisam mogao da poverujem u tako nešto. Jer sam mislio: neko je pocepao zidne novine, a ona slučajno našla članak, pa ga pokupila i odnela u štab. Ali, video sam, i uverio se: niko, osim mene i nje, juče izjutra u tri sata pred zoru nije bio budan. Pa se, eto, i upitah: zašto članak baca u furunče? Zašto mi ga ne vrati ako ga je neko drugi iskidao, zašto mi ga ne preda da ga prekucam i ponovo istaknem na tablu, ako to nije ona sama uradila?

Da, drugovi rukovodioci GK Skoja za Vranovac i okolinu, teško je bilo poverovati da će jedna drugarica, član Skoja i komandant jedne dvaput udarne brigade nešto tako da uradi... Pošteno da rečem, tako nešto nisam mogao smesta da shvatim. I, da mi je neko drugi izneo taku sumnju, pa makar bio i provereni član – ubio bi ga. Ali, na žalos, drugovi moji, samo jedan dan je trebalo da prođe, čak ni čitav dan već samo jedna njegova polovina, pa da ja, običan omladinac proleterskog porekla, shvatim tu žalosnu istinu. I to zahvaljujući – zubu.

    Boleo me je taj zub strašno, i sve strašnije i strašnije; oko podne, kada je sunce upeklo u mozak, više nije moglo da se izdrži. Doktor Vajnšeker mi reče da nema druge nego u Kučevo, pa u zubnu. Tako sam i uradio. Seo sam na kamion, i to čitavo poslepodne nisam boravio u logoru, nego u Kučevu, čekajući na red. Šta se za to vreme dešavalo u Sinjem Potoku, to jest u naselju br. 10 radnih brigada, ne znam. Zub su mi iščupali tek u osam uveče, i to bez inekcije. Vadili su ga u tri puta, pa sam mislio da ću da poludim. Prvi put se slomila krunica, tako su mi kazali, pustili me u čekaonicu da se odmorim, pa me zaboravili. Posle jedan sat, kad sam već bio sav crven od krvi, neki Vlasi nadadoše dreku. »Jebi ga, burazeru, što ne ćutiš!« šali se dentista i kao iščuđava, a ovamo, vidim ja – baš ga briga; nisam jedini. Onda su mi čupali koren, al ga polomiše; iz tog razloga navališe da mi dletima seku vilicu – boli, bolje da ne pričam. Bilo kako bilo, tek oko pola jedanaes u noć obaviše nekako poso i meni laknu. Natrag sam krenuo tresinom – išla da obilazi trasu; i moram vam priznati, dragi drugovi, bilo je veličanstveno voziti se prugom koju si i ti sa ponosom izgrađivao!

    Kod Jablanika siđo s tresine, pa pođo pešice kroz šljivare, da odanem i da se razladim na onom bunaru. Idem tako, a u glavi mi više ne bubnja, lakše mi, samo tišti i dosta krvari. Idem, kažem, vam, i dišem punim plućima, a oko mene noć, mesečina – divota. Na bunaru ispljuskam čitavu glavu, pa spustim kofu na santrač i sagnem se da zavežem pertlu na cokuli – vidim, razvezala se od silnog hoda – kad: čujem neki šapat i gvirnem iza santrača, a ono – neko se šunja: muško i žensko u akcijaškom odelu; vode se zagrljeni, idu pravo u pilanu. Pilana, to vam je neka stara napuštena strugara: direci, ćeramida, a ispod gomila piljevine; kažu – ne radi od pre rata. A ono dvoje idu baš tamo. Tišina, poneko kuče zakevće iz sela, poneki vo mukne, i to je sve. Idu, velim, i prolaze pored bunara, pored mene tako reći, a ja gledam pa prosto ne verujem: Ugljen Vidović, petostruki udarnik, prebacio ruku oko struka našem komandantu, odvede je pravo u piljevinu! Bi mi smesta jasno što se suprotstavljala da se kraj bunara čuva straža, jasno?

Dragi drugovi, eto, kako je to sinoć bilo, i ja tu više nema šta da dodam. Ni da dodam, niti da oduzmem, jer je slučaj za mene jasan, a i za vas. Oću samo da napomenem sledeće: kad završim srednjotehničku, molim vas da me učlanite u Skoj. Zašto? Zato što oću da idem na dalje školovanje, u školu Udbe, a za to mora da si najmanje član Saveza komunističke omladine, ako već nisi u Partiji, drugovi. A ja sam svesan, drugovi, da mi je to dužnost, da se drukčije ne može posle ovog opisatog slučaja sa drugaricom Nadicom, i petostrukim udarnikom Ugljenom Vidovićem, onim što je izgrađivao socijalizam za 5 litara komovice.

Drugovi, ja sam video da se nikad ne zna gde se skriva saboter i neprijatelj. A protivu njega moramo se boriti do poslednje kapi krvi.

Smrt fašizmu! – Sloboda narodu!

14 juli 1948 g.
Sinji Potok,
Kučevo

Žine Stančulović, brigadir i urednik zidnih novina IV dvaput udarne brigade iz Vranovca na izgradnji omladinske pruge Kučevo–Brodice.

II. IZJAVA NADEŽDE CREVAR, KOMANDANTA IV VRANOVAČKE BRIGADE, ŠTABU RADNE AKCIJE KUČEVO–BRODICE

ŠTABU RADNE AKCIJE,
KOMANDANTU RADNE AKCIJE
SLOBI BABOVIĆU

Molim da Štab ne podleže atmosferi nepoverenja i kleveta. Molim da mi se veruje. Hoću da se sasluša i moje mišljenje o čitavom slučaju sa bradom omladinca Ugljena Vidovića, petostrukog udarnika II smene sa deonice Sinji Potok –Jablanik, brigadira IV omladinske dva puta udarne brigade grada Vranovac.

O ulozi i značaju omladinca Ugljena Vidovića nije potrebno govoriti. Njegov podvig je do sada jedinstven ne samo na ovoj omladinskoj radnoj akciji nego uopšte, u razmerama čitave obnove i izgradnje naše ratom opustošene domovine. Mislim da ne treba naglašavati veličinu njegovog primera i elan sa kojim se drug Ugljen bacio u vrtlog rada. Slobodna sam da tvrdim da se njegov primer može meriti jedino sa podvizima drugova Sirotanovića i Aliagića, ili ratnih heroja iz NOB. Ali, smatram za neophodno da Štab upoznam sa razlozima zbog kojih je, do tada inače besprekorna, urednost omladinca Ugljena Vidovića bila u utorak, 12. jula, prilikom smotre u naselju Sinji Potok, nedozvoljivo narušena.

Ponesen hukom izgradnje, omladinac i petostruki udarnik Ugljen Vidović, inače učenik VIII razreda gimnazije iz Vranovca, osvajao je već treću noć uzastopce svoju desetu tonu iskopina i svoj sto i pedeseti metar tunela Sivac. Tek je pred samu smotru drug Vidović uspeo da se umije i presvuče. U njegovom neurednom istupu ne može se videti nikakav anarhistički čin, nikakav izazov, nikakav svesno nediscipinovani prkos. Tvrdim, u tome slučaju se odražava samo nemar i nedostatak vremena za potpuno prakticiranje lične higijene.

Tačno je da sam ja pomenutog omladinca Ugljena opomenula zbog njegovog izgleda koji uoči same smotre nije bio besprekoran, a tačno je i to da sam ga na smotri ponovo opomenula, i to javno, pred čitavom brigadom, čemu je bio svedok i drug Sloba Babović. Ali nije tačno da sam ja iz ličnih razloga tolerisala njegovu samovolju. Štab traži objašnjene za scenu javnog brijanja koja je, navodno, bila uperena ne samo protivu moje funkcije i mojeg ugleda, nego i protivu autoriteta samog Štaba, kao i komandanta radne akcije.

Ukoliko svako veselje i svaku šalu treba obrazlagati višim instancijama, ja mogu i to da učinim, mada je to već urađeno usmeno, u diskusiji na sastanku štaba IV vranovačke, čiji sam ja komandant. Zato ponavljam: nikakve zadnje namere i nikakvog neprijateljskog gesta nije bilo prilikom brijanja druga Ugljena sa moje strane; jednostavno, mi smo se zabavljali.

Da li je taj prizor, za koji ja ne poričem da je bio smešan, narušio radni elan brigade? Da li je uznemirio disciplinu i pomutio društveno-političku svest omladinaca i omladinki IV vranovačke, ili bilo koje druge radne jedinice na pruzi Kučevo–Brodice? Odgovor na ovo pitanje može svako da pronađe u uspesima i rezultatima same brigade: oni su čak i veći no ranije. Oni su takvi da bi brigada, ako njene pobede budu objektivno i nepristrasno procenjivane, morala da krajem smene dobije prelaznu zastavicu.

Slažem se da svaki skojevac mora da zna kakve sve posledice njegovi postupci mogu da imaju, s obzirom da okolini u svakom trenutku služi za primer, ali se ne slažem da u ime pretpostavki on sebe treba da lišava ljubavi i veselja. Time hoću da kažem da se nimalo ne stidim simpatija koje ja i Ugljen Vidović međusobno gajimo. Naša osećanja su čista; naši rezultati mogu svima da služe za ugled. Naš je život pun smisla, jer oboje znamo šta hoćemo i čemu težimo; ideali naše Partije i naše zemlje i naši su lični ideali. Tačno je da omladinac Ugljen Vidović nije član Skoja, ali zar treba zbog toga da se na njegovo delo i njegova ubeđenja odmah gleda sa sumnjom, da se iza svakog njegovog gesta traži i pronalazi skriveni lični, egoistični razlog? Ko sme da jemči da on posle ovakvih uspeha neće biti učlanjen u Savez komunističke omladine, i ko može i ima obraza da tvrdi da on to ne želi? A onaj vic o rakiji treba tako i primiti. To je šala i to svako u mojoj brigadi zna. Čemu onda svaku šalu uzimati za zlo i u njoj videti razornu nameru neprijatelja? Priznajem da takav stav i rasuđivanje ne razumem.

Na kraju, sa ogromnom ličnom neprijatnošću, saopštavam da samo iz discipline prihvatam nalog za ponižavajući lekarski pregled, mada me niko neće ubediti da su takve užasne žrtve potrebne višim ciljevima. Ne shvatam, ne razumem, šta će Štabu uvid u to? Da li moj rad, i moji postupci, i moj ugled ne znače više ništa rukovodstvu radne akcije, pa se sada traže i najprljavija sredstva da budem unižena i degradirana, ne znam samo zašto? Da li se odgovor krije u činjenici da je inicijator čitave ove istrage čovek koji hoće da se sveti, i meni i Ugljenu, zbog svojih niskih ambicija i bolesne strasti koju nije bio u stanju da zadovolji, pa sada pribegava klevetničkim dostavama? Vređa me jedino to što iz Štaba niko nije našao za shodno da sa mnom lično razgovara i čuje pravu i jedinu istinu. Ili samo da razgovara – do istine bi došao sâm.

Zbog čega sve što se priča primate zdravo za gotovo?

Što se niko nije upitao zašto sam iscepala njegov klevetnički članak, koji odiše nezdravom mržnjom prema svakome ko iole vredi, već se taj sam čin uzima kao dokaz mog skretanja sa linije Skoja i KPJ?

Zašto niko nije postavio pitanje: kakvi razlozi navode pomenutog Žineta Stančulovića da se vuče ko pas za mojim stopama, zbog čega me uhodi, špijunira i šalje dostave Štabu, Gradskom komitetu Skoja Vranovac i Udbi u Vranovcu?

Niko nije hteo, a niti hoće, da sasluša i moju reč. Kao da se, na kraju krajeva, u čitavom tom iskonstruisanom problemu ne radi o meni, komandantu jedne radne brigade, primernoj skojevki i odličnoj učenici, već o zločincu i neprijatelju koji je odavno otpisan. Šta je to? Zašto je to tako? Zbog čega? Primećujem da me svi izbegavaju, da se sa mnom razgovara samo službeno, da me okružuje hladni zid nepoverenja i sumnji. Da li je moguće da se veruje jednom bedniku koji mi se sveti za svoje neutoljive prostačke pobude, i pobude i neprijatna navaljivanja kojima me je proganjao iz dana u dan? Zašto me niko ne upita šta je taj nasrtljivac tražio u mojoj kancelariji kada bi se desilo da ostanemo sami, tobož se dogovarajući za naredni broj tih prokletih zidnih novina čiji je on urednik? Koliko sam ga puta videla na ogradi, prema prozoru sobe u kojoj spavam? Koliko me je puta presretao u šiblju i uvalama nadomak logoru zasipajući me bezobrazlucima? I kako mi je bivalo kraj logorskih vatri kada bi seo pored mene pripijajući se drsko uza me samo da bi nas ostali videli u tom položaju? Ili se hvatajući do mene u kozaračko kolo da bi laktom, kada ukrstimo ruke, trljao o moje grudi?

Smrt fašizmu! – Sloboda narodu!

21. VII 1948.
Sinji Potok.

Nadežda Crevar, s. r. komandant IV omladinske radne brigade iz Vranovca. Naselje »Bratstvo–Jedinstvo«, br. 10.

III. LEKARSKI NALAZ DR ĐULE VAJNŠEKERA, UPRAVNIKA ZDRAVSTVENOG CENTRA U OMLADINSKOM NASELJU »BRATSTVO–JEDINSTVO«, SINJI POTOK

ŠTABU OMLADINSKE RADNE AKCIJE
ZA IZGRADNJU PRUGE
KUČEVO–BRODICE

Zdravstveni centar
oml. rad. naselja »Bratstvo–Jedinstvo«,
Sinji Potok
Datum: 22. VII 1948. g.
Broj: 23/XVI
Napomena: STROGO POVERLJIVO!

Preglet isfršena u najveći tajnost. Drugarica Nadica plakao. Ja se isfinjava zbog svojeručna grešno pisati. Morao, diskrecija!

Dijagnoza: Defloratio per penetrationem penis ereti: Himmen oštećen. Na dno vulva mala ranica, zgrušana krv. Početak infekcija, stepen 2, nehigijenski coitus. Sve ostali deo spolovila B. O. Izuzev što clitoris blago oguljen, mislim takodže i otvor na mokraćni kanal; posledica masturbatio continua. Ostalo telo u zdraflje. I psihički i fisićki.

Upravnik zdravstvenog centra
oml. radnog naselja
»Bratstvo–jedinstvo«:
Dr Đula Vajnšeker

IV. KRATKA IZJAVA UGLJENA VIDOVIĆA ŠTABU IV VRANOVAČKE DVOSTRUKO UDARNE BRIGADE UOČI NAPUŠTANJA RADNE AKCIJE

I vi, budžovani, i Nadica, i svi ostali, da otiđete lijepo u pičku materinu!

A ja doveče sijedam na autobus – pravac Vranovac. Što ću tamo činiti, to je moja stvar. A ako vas baš zanima, i to ću da vam rečem: odlazim na Timok, da sa Tomom, Mikom i Sibom pecam ribu.

Ugljen

ZEISS – IKON

Moj otac je mrtav. Streljali su ga četrdeset i pete, u jesen, na Ciganskom groblju.

Malo je bilo onih koji su na tom groblju pokopani u opremi iz radnje moga oca: Cigansko groblje oduvek je bilo groblje siromašnih.

Moj otac je imao brata. Čika Novak – tako mi se zvao stric – živeo je na selu i retko silazio u grad.

Sećam se njegovog povijenog stasa i dugih ruku, upredenih kao ren. Sećam se i stričevog lica sa hladnim okom i nosinom sličnom loše zašiljenom kocu. Sećam se i tankih usana. Iz njih su, kao kokoši iz razgrađenog koša, provirivali zubi.

Stric je bio oženjen Bugarkom; zato ga i nisu zvali Novak Panajotović, već Novak »Bugarkin«, ali on se nije ljutio. Bila je iz Vidina, bila je raspuštenica, i znala je tri zanata: šnajderski, trukerski i štrikerski. Umrla je četrdeset i treće, u jesen: ubola se na iglu, ruka joj se nadula; umrla je za tri dana.

Imali su dva sina: Sreju i Jovu. Sreja je u Vranovcu izučio zanat, a Jova je učio gimnaziju. Ja sam od Jove bio mlađi pet, a od Sreje devet godina.

Bata Sreja, po majci prozvan Sreja »Bugarkin«, poklonio mi je kopačke. Bilo je to četrdeset i četvrte, uoči oslobođenja: položio sam malu maturu sa vrlo dobrim.
Nekada, dok je učio zanat, bata Sreja je u *Timoku* igrao centarhalfa.
Čim je otvorio radnju, prestao je da igra.
Bio je šaljivdžija. Kroz njegovu se abadžinicu stalno muvao nekakav svet. Narod je oduvek voleo da se smeje; zato ga je u Srejinoj radnji bilo povazdan. I pre rata, i za vreme okupacije, pa i posle – dok ne počeše da nacionalizuju.

Kad se vratio sa Sremskog fronta, radio je još neko vreme – čak je i meni sašio odelce, od valjanog sukna. Čakšire, onako ravne, i sa manšetnama. »Gospocke!« – umeo je da kaže. A gore: bluza slična oficirskoj dolami, a na glavi šajkača »titovka«.
Jedino što opanci nisu valjali: behu od automobilskih guma. To mi je kvarilo izgled.

Imam i sliku.
Slikao nas – mene i bata-Sreju – Jova »Mali«, njegov mlađi brat; baš se spremao za Rusiju.
Slikao nas ispred dućana. U pozadini lepo se vidi streja, pod strejom firma:

SRETEN PANAJOTOVIĆ
SREJA »BUGARKIN«
abadžija

– a levo bagrem, mlado drvo, a za bagrem privezana koza, a desno, u dubini, pod senkom nekog kestena – izgoreli ruski tenk.

Kažem: radio je još neko vreme, a onda su mu radnju oduzeli.

DOLE PRIVATNICI I SITNA BURŽOAZIJA! – pisalo je crvenim slovima na njegovom dućanu, ispod izloga, a u izlogu su još uvek mogla da se vide dva-tri prašnjava jeleka i čakšire od izmoljčanog sukna, i jedan kožuh, i jedan gunj, i nekoliko šajkača.

Jedne noći vranovački su skojevci išarali sve zanatlijske radnje; čak i radnju moga oca. Bila je to prodavnica mrtvačkih sanduka. Ispod firme *Večni mir* osvanula je parola: RELIGIJA – OPIJUM ZA NAROD S. F. – S. N.! LENJIN.

Jova »Mali«, »Maleni« Joca, ili – kratko: Jovica, bio je nedružavan. Za života svoje majke još se i družio s vršnjacima; posle se osamio. Po pričanju Zjapinaca, viđan je jedino na slavama, na svadbama, zapisima, zavetinama, pogrebima i seoskim panađurima. Motao se okolo, malen rastom, neuočljiv i nepoverljiv kao ničiji pas; zavirivao je u sve – u štale, u kuhinje, u podrume, pod tremove – i sve fotografisao.

Slikao je sve što mu je izgledalo zanimljivo.

Do aparata – bio je to veliki fotografski aparat na rasklapanje, sa mehom koji je ličio na harmoniku – došla je njegova majka, Bugarka, odmah posle kapitulacije.

Tada su u naš kraj stigle izbeglice iz Slovenije. Putem, koji je vodio iz Vranovca, prolazile su kolone volujskih zaprega, na kolima su se klatili ćutljivi ljudi. Muškarci su bili obučeni u pumperice i duboke cipele sa dvostrukim đonom, a žene u pantalone i šarene džempere. Mnoge od njih nosile su kratke kose, šalove, kape i rukavice, a deca kožne kapute i zelene šeširiće na plavokosim glavicama. Neke od tih porodica zalazile su u Sejmenski dô; tražili su krompir u zamenu za sprave i aparate kakvih do tada u Krajini nije bilo. Nudili su durbine, klizaljke, termose, primuse na špiritus. Prodavali su kompase, električne čajnike i planinarsku opremu. Seljaci su dugo zagledali sva ta čuda, odmahivali glavama i vraćali im sve to. Zatim su ih pozivali u udžerice, na rakiju, pogaču i sir. Posmatrali su ih, onako ćutljive i šćućurene kraj ognjišta, kako nespretno čuče na tronožicama i sramežljivo uzimaju sa sinija zalogaj po zalogaj. Domaćini su im stajali iznad glava, sa bardacima u rukama; a žene svaki čas izlazile iz kuće i vraćale se, stružući o prag blato sa opanaka. Zaklanu bi živinu trpale u bakrače gledajući sažaljivo pegavu decu, a deca su jedina nešto ćućorila, ili se igrala sa kučićima ili mačkom.

Tako je strina, Bugarka, zamenila kaiš slanine i dve vreće krompira za ZEISS – IKON. »Šta će ti, bre, ženo, sva ta skalamerija?« podsmevao joj se moj stric, a ona mu odgovarala: »Za deteto!« Odgovarala je na bugarskom i pokazivala na šljivak. Tamo, iza štale, Jova je grickao žutu dunju i buljio u knjigu kao opčinjen. A u knjizi je pisalo o nastanku Zemlje, o Suncu, o Mesecu i ostalim nebeskim telima kao da su dunje; pružiš ruku, ubereš voćku, i, posle, zagledaš je sa svih strana.

Na jednoj svadbi – bilo je to venčanje Blagoja Jotića, sina zjapinskog učitelja, i gospođice Anđelke Novakovićeve, nastavnice Više domaćičke škole iz Beograda – grbavi fotograf Zare Aćimović, zvani »Jež«, pokazao je Jovici kako se rukuje aparatom ZEISS – IKON. Tako je moj brat od strica, mlađi, saznao kako se rasklapa meh, kako se meri daljina i zavrće blenda, kako se stavljaju ploče, traži izrez i oštri slika, kako se okida, i kako se snimljena ploča zamenjuje novom.

Tom prilikom, Jova »Mali« snimio je prvu svoju fotografiju.
A zatim i ostale.

Snimio je i moga oca.
Bilo je to o Svetom Jovanu, na slavi Prvana Đergovića, čuvenog travara iz sela Zjapine, i Đorda Đergovića »Graničarskog«, četničkog vojvode.
Slikali su se ispred crkve, u porti. Moj otac je pričao da im se u grudima ledio dah – toliko je bilo hladno. Točila se vruća, svirala je vlaška banda od dvadeset trubača, četnici su oko crkve igrali kolo. Narod je stojao uz crkvenu ogradu i gledao. Sećam se: pričao je da ga je vojvoda »Graničarski« na rastanku zagrlio i pomenuo profesora Raku Baljoševića; obojicu je profesor Raka zbog jedne lumperajke najurio iz škole. »I tako Đergo ode u graničare, a ja – zna se!« uzdahnuo je moj otac i u oku mu je zasvetlucala suza.
Sećam se: iz sela se vratio pijan.

Mobilisan kao i brat mu, Jova »Mali« je s jeseni četrdeset i četvrte otišao u rat. U torbi, uz parče slanine i dve-tri knjige, nalazio se i ZEISS – IKON.
Kod Ćuprije je slikao rusko forsiranje Morave, a kod Lapova eksploziju granate iza generala Filipenka.
Oduvan vazdušnim talasom, našao se u kupinjaku. Pao je na trnje, ali aparat iz ruku nije ispustio. Sav izgreban, javio se u ambulantu. Podsmehnuli su mu se i krvavim rukama pokazali ranjenike što su očekivali pomoć. Posramljen, otišao je u Komandu puka; tražio je da ga vrate kući. »Druže Jovane, šta ti je?« začudili su se oficiri i pogledali ga zabezeknuto. *Smrt fašizmu – sloboda narodu!* – takvo je naše pravilo!

Mora se zemlja osloboditi, moramo se boriti za novi život, Jovane! Hitlera treba satrti za vjeki vjekov, druže Jovo!«

Iz Komande je izišao crven od stida. Na stepeništu se raspitao gde je nužnik, zatvorio se i isplakao, gušen suzama i smradom na karbol i mokraću.

Na ulici je ugledao firmu nekog fotografa.

Zaustavio se i upiljio u požutele snimke seoskih mladenaca i u golu, debelguzu decu. Buljio je u ta gruba i četvrtasta lica dokle god ga nije trgao nečiji promukli glas. »Šta tražiš ti ovde, vojniče?« zatutnja s prozora, negde odozgo. Uplašio se, pogledao uvis, i zbunio se još više nego u Komandi: glas, koji se osipao kao kamen niz liticu, nije pripadao muškarcu već ženi.

»Ništa, ništa«, promuca Jova »Mali«. »Izvinite! samo gledam, gledam slike ovog naroda...« – i htede da se udalji.

»Aha«, ponovo riknu glasina za njim, »a ja mislila – oćeš sliku; da se slikaš ko drugi, devojci za uspomenu, a?«

»Ma ne to«, zamuca opet moj mlađi brat od strica, »ne to, nego nešto sasvim drugo: znate, gospođo, i ja slikam.« I da bi svoju izjavu potkrepio dokazima, Jovica raskopča torbu što mu je visila preko seljačkog gunja, podiže poklopac i izvuče ZEISS – IKON.

»O-ho! ko bi reko CAJS – IKON? Prava retkost! Daj, vojniče! Uđi!« promumla još jednom teška artilerija.

I tako se Jova »Mali« našao u fotografskom ateljeu srbijanske varošice Lapovo.

Odaja je bila ispresecana rikvandima, stalcima za reflektore i metalnim mostom ispod tavanice. Rikvandi su predstavljali bašte, terase sa cvećem, more, lađe u daljini, dvokrilni avion. Teške, već izbledele zavese presecale su atelje na tajanstvene odeljke; iza njih su provirivali gipsani anđeli. Sa zidova su visili veliki, u pozlaćene ramove uokvireni snimci starih srpskih oficira i nekih gospođica s cigaretama u napućenim usnama, i nekih trgovaca na fijakeru, u nekoj banji.

Iza zavesa je izronila ogromna žena bujne prosede kose i crnih brkova ispod kukastog nosa; išla je lagano, ćopala je, oslanjala se o štap. »Da vidim!« riknu, a draperije se zanjihaše; po ateljeu se uskovitla prašnjav vazduh. »Pa slikaš li?« upita gledajući čas u ZEISS – IKON, a čas u Jovicu; s ljubavlju i vičnim oprezom dotače mehanizme na njegovoj fotografskoj spravi.

»Slikam, naravno«, odgovori on; »slikam rat, gospođo, ali ne znam da li valja... Nemam gde da izazovem ploče.«

»Sad ćemo mi to«, reče ona i živnu, dohvati ga oko ramena i odvuče iza jednog od šarenih paravana. »To je, mali moj, od svega najlakše.«

Hramajući na debelu, slonovsku nogu umotanu u zečije krzno, ona se provuče između nekih boks-kamera i kroz skrovita vrata uđe u komoru, tarući mesnatim kukovima ragastov.

Unutra, pod neprijatnom svetlošću crvene sijalice, nije se razaznavalo šta čemu služi. Gledao je kako odvrće neke zavrtnje, kako isteže mehove i rasklapa čudne, njemu nepoznate sprave, kako bućka tečnost u plitkim posudama i s vremena na vreme promuklom glasinom pevuši *Kraljicu polja:*

> *Kad ujutru sunce grane,*
> *s pesmom se probudim ja...*

»E, taa-ko!« reče najzad, zadovoljna. »A sad, da pričekamo.«

U tom se začu zvonce. »Sad ću ja«, kaza i iziđe, i dugo je nije bilo, a on se nije usuđivao da otvori vrata.

Vratila se naglo, talasajući vazduh oko sebe kao brod uzburkano more. Reče mu da po snimke dođe tek sutra: sada mora da Rusima izazove jedan film – radi za komandu XIII artilerijsko-minobacačkog korpusa; to je njen doprinos borbi za slobodu i bolji život...

Sutradan je padala kiša.
Izležavao se na slami i čitao *Detinjstvo* Maksima Gorkog. Narednog dana išli su na »zanimanje«. Sve vreme vežbali su juriš preko ugarenih njiva. Za cokule, za čizme i opanke, hvatala se raskvašena zemlja kao lepak; jedva su koračali.

Kad su se vratili, on u kasarni nije stigao ni da se izuje: prišao mu je dežurni i odveo ga u oficirsku baraku.

U pregrejenoj sobici sa ovalnim stočićem i starom pisaćom mašinom, koja je otkucavala ćirilička slova, i induktorskim telefonom na razbijenom pijaninu iznad kojeg su visile slike Tita i Staljina, Jovicu je dočekao partizanski pukovnik Vranješević. Pored pukovnika, u stavu mirno, nalazila su se još dva ruska majora i jedan omaleni, dežmekasti vojnik u rubaški.

Zbunjen, preleteo je pogledom od jednog do drugog i ništa mu nije bilo jasno. I tek kada se primirio, uspeo je da opazi i veliki fotografski snimak na stolici u uglu.

Fotografija je bila uspravljena uz naslon i okrenuta prozoru. Predstavljala je generala Crvene armije u trenutku kad se iza njega podiže gejzir dima i crne zemlje. Koncentrisan na nešto što se nalazi ispred njega, i što u taj čas očigledno ima sudbonosnu važnost, general je činio odlučan, ali i poslednji korak ka onome što su njegove oči još gledale. Ali, u isto vreme, generalova leva ruka – desnom je na grudima stiskao dvogled – počinjala je da se grčevito kreće prema vratu, a grudni koš, pogođen šrapnelom, već se uvijao, naznačavajući vidljivim trzajem da se u tom telu, usmerenom onamo kuda ga je gonila odlučna misao, događa strašan i nepopravljiv lom, da je pokidano, i da već prestaje da živi.

U tišini, i nesnosnoj toploti što je gustom vrelinom nasrtala iz usijane peći, saopštili su mu sledeće:

General-major Taras Kalistratič Filipenko, komandant XIII artilerijsko-minobacačkog korpusa, pao je pogođen na prilazima Lapovu. Teško ranjen, izdahnuo je u pukovskoj bolnici; umro je herojskom smrću.

On, Jovan Panajotović, borac II timočke divizije, uspeo je, podstaknut besprimernom hrabrošću, da po cenu sopstvenog života ovekoveči taj sudbinski trenutak komandanta XIII artilerijsko-minobacačkog korpusa III Armije, i da ovom fotografijom omogući svim listovima i svim časopisima širom Sovjetskog Saveza i Republike Jugoslavije da borce na frontovima i radni narod po fabrikama upoznaju sa *geroičeskom smertju tovarišča Filipenka*.

Posle tih svečanih reči prišao mu je jedan od dvojice ruskih oficira – onaj viši, ćelav i s kožnim tumorom oko levog uha – i okačio mu o gunj medalju za hrabrost. Poljubio ga je i zaplakao. Rasplakao se i drugi oficir, niži rastom, kratkog vrata i širokih, azijatskih jagodica, i kazao da mu je tovarišč Taras Kalistratič bio najbolji drug.

Pukovnik Vranješević, mršava ljudina

ogromnih brkova i sitnih, i kao ugljen crnih očiju, sačekao je da se među Rusima stiša plač. Zatim je rasklopio nekakav akt i počeo da sriče naređenje Štaba II timočke. U naređenju je pisalo da se borac Jovan Panajotović, na zahtev Komande XIII sovjetskog artilerijsko-minobacačkog korpusa, prekomanduje iz srpske narodnooslobodilačke vojske u Filmsko odeljenje III sovjetske Armije, i stavlja na raspolaganje drugu Josifu Denisoviču Bulgakovu, glavnom snimatelju sovjetskih armija angažovanih u borbi za oslobođenje Jugoslavije.

»Vi očenj talentljivij parenj, tovarišč Jova«, rekao je na to onaj dežmekasti, onaj Rus u maslinastoj rubaški i bez činova – a bio je to lično Josif Denisovič Bulgakov – i mojega brata od strica, mlađeg, potapšao maljavom šakom po ramenu. Kazao je da ga uzima za svog asistenta, do kraja rata, *do gibeli fašističkih vragov,* a posle, *kagda budet mir na svete,* pozvaće ga u Moskvu, na visoku školu filmskih snimatelja; na njoj je i on profesor.

U Estergomu, na severu Mađarske – tamo je nemačka kapitulacija zatekla i snimatelje III Armije – moj brat od strica, mlađi, primio je i zvanični poziv da se te iste jeseni javi Višem filmskom tehnikumu u Moskvi; Puškinov prospekt, broj 222.

Jova se vratio u Vranovac.

Stigao je poslednji, posle svih ostalih boraca iz našeg kraja. Dug je i tegoban bio put po razrovanim drumovima i preko reka na kojima mostova više nije bilo.

Povratak Jove »Malog« predstavljao je pravi trijumf. Čitava varoš – sa komandantima i bleh--muzikom, sa sekretarima komiteta, rukovodiocima Okružnog Skoja i ostalim političkim i društvenim faktorima – izišla je na železničku stanicu da mu ukaže čast: Jova Panajotović, bivši gimnazijalac iz sela Zjapine, »Mali« Joca, Jovica, bio je prvi sovjetski stipendista iz Timočke krajine.

Leto je proveo u Zjapini. Tamo je čitao brošure i osnovao skojevske ćelije po selima duž Sejmenskog dola. Dolazio je i u Vranovac, po direktive i propagandni materijal.

Tako je i nas – mene i bata-Sreju – snimio ispred abadžiluka.

S jeseni, početkom septembra, vratio se u Vranovac, da se spremi za put i sakupi dokumenta.

Pripreme su se u početku odvijale normalno. Jova je dane provodio po komitetima. Omladini je držao predavanja o oslobođenju Mađarske. I ja sam išao da ga slušam. Govorio je nezanimljivo. Sve mi se činilo da ga je od nečega bilo stid. Nestrpljivo je očekivao dan kada će da ode.

Ali, dva dana pred polazak, nešto je počelo naglo da se zapetljava – niko nije znao šta. »Nešto oko pasoša«, kazao mi je bata Sreja. Zamolio me je da o tome nikome ništa ne pričam.

Najzad, sve je sređeno.

Blagoje Jotić, sin pokojnog učitelja Sime Jotića, i, uz Vuka Babića, glavni partizanski vođa vranovačkih komunista, onaj isti Jotić čiju je svadbu Jova »mali« slikao ZEISS – IKONOM, pozvao ga je jedne noći u Opunomoćstvo Ozne za srez Vranovac.

»Jesi li ti, Jovane, slikao narod u Zjapini na mojoj svadbi?« upitao ga je Blagoje Jotić.

»Jesam«, kazao je Jova »Mali« i progutao slinu.

»A jesi li još štogod, i još koga, bogati, slikao u to vreme, a i posle?«

»Jesam«, potvrdio je Jova i ponovo progutao slinu: bilo ga je strah od tog Jotića; seljaci su kapetana samo po zlu pominjali.

»A šta to?« pitao je Jotić i čačkao zub.

»Pa... vašare, druže Jotiću.«

»I?«

»I zavetine.«

»I...? Šta još?«

»Paaa... vazdan i svašta, druže Jotiću.«

»A jesi li kadgod škljocnuo i kojeg četnika, a? Seti se!«

»Možebiti, druže Jotiću, svakakav sam narod slikao; slabo se sećam, druže Jotiću.«

»E, ako se ne sećaš, Jovane, a ti nam donesi slike. Inače – od puta u Sovjetski Savez nema ništa!«

»Ali kako, druže Jotiću; ja slika nemam. Imam samo ploče; negative, druže Jotiću; nisam ih razvijao.«

»Svejedno, skojevac, svejedno je to za nas. Donesi ti to nama, pa – srećan put! Pozdravi nam tamo Brku, i kaži mu: i mi konja za trku imamo!«

Još istog dana Jova »Mali« je prepunim lokalnim vozom otputovao u Vrbovaču, a od rudnika do Zjapine preprašio pešice čitav Sejmenski do. Na tavanu, u šarenom sanduku svoje pokojne majke, pronašao je kutiju sa pločama.

Odmah se vratio u Vranovac.

Ploče je odneo u Oznu.

Sutradan je otputovao. Ispratili su ga pioniri i vojna muzika.

Čim je Zare »Jež« razvio ploče, Jotić je na

mutnim i nejasnim fotografijama svojom rukom okružio one što su se na slavama i svadbama slikali sa četnicima vojvode Đorđa Đergovića »Graničarskog«.

    To je uradio kao danas, a sutra su okruženi u jaruzi na Ciganskom groblju već bili, što se kaže, *stavljeni uza zid.*

LETNJI BUDILNIK

Umro je iznenada; otrovao se. Kolačima se otrovao.

Tek beše došao iz poslednje apse. Doktorka Sonja poče da kuka: »Zar opet, Srejo, pobogu? Dokle će tako, dokle misliš?« A on, onako modar ko pečurka, i bez oba prednja zuba, smeje se, dlanom pokriva modricu preko oka, i kaže: »Nemoj da se sekiraš, doktorice, bez brige! Dok god meni ona stvar stoji uspravno – problema nema!«

Tako je bilo te jeseni, šezdeset i osme. Držali ga čitavo leto u CZ, i čitavu jesen – vratio se tek pred zimu, krezub, izbubetan, nikakav. Ali veseo. Samo su mu obloge stavili, hteli i zube da mu nameste, otiske u gipsu mu uzeli, i sve bi bilo ko i pre – bilo mu je to treće apšenje posle Golog, uvek privremeno – da Jova »Mali«, kapetan Crvene armije i vojni snimatelj, ne dođe u Jugoslaviju da obiđe brata.

Ja Jovu nisam poznavala. Otišao u Rusiju još četrdeset i pete, s jeseni nekako – otišao u Moskvu, na škole, i više se nije vraćao. Oženio se tamo, a posle došao IB, pa se izrodila deca, i dom se tamo zakućio, i tako – do šezdeset i devete. Otišao iz Vranovca četrdeset i pete, a ja Sreju upoznala dve godine kasnije, pa sam devera viđala samo na slikama – pokazivao mi slike moj Sreja, i govorio: »A ovaj, prcmoljak, to ti je dever. To je naš Jovica, dika našeg kraja.« Do četrdeset i osme govorio je to javno, ponosio se moj Sreja, a posle ga pominjao samo među prijateljima. A kad se vratio – ni među njima; samo preda mnom.

A nije bio tako ćutljiv, ni plašljiv; do onog prvog apšenja. Beše veseljak Sreja »Bugarkin«, najveći šaljivdžija u Krajini; zbog te njegove naravi ja sam se i zagledala u njega, abadžiju, i krojača, i fudbalera broj jedan – kažu.

Došao on u vojnu trikotažu, pred kraj četrdeset i sedme, onda kad je Jaša Jeumović, gad nad gadovima, otvorio krojačko odeljenje: kaže – mora za vojsku da pravimo džempere, ali da se vuna pravo ištrika, ravno kao štof, a posle da se kroji, pa da se šije; sve to izmislio i zapleo samo da ga proglase novatorom. I, gde bi Jeumoviću predlog odbili? Otvore krojačko odeljenje, a u njega dođe i Sreja. Ja sedela u administraciji, zgradica u dvorištu iza magacina, mračno, nisko i japadno, nikad sunca da vidiš. Bila sam na Crnom vrhu, sekla drva, a posle radila u Omladini, skupljala priloge i skakala sa padobranom, čitave dve godine, dok me tetka nije zaposlila. Moja tetka bila afežetkinja, u kući pravo svratište, od jutra do noći samo defiluju, a u sobama i na terasi zastave. UNRA, brošure i plakati – šupa, a ne kuća. Teča samo ćuti i šljoka, a ja kuvam, perem i ribam, kad nisam na zadatku, ili u Omladini. Otac mi poginuo kao železničar, pogodilo ga kad su kod Vrbovače, pred kraj rata, »kukuruzari« mitraljirali voz, a majke se i ne sećam; zato sam i živela kod tetke, nisam imala gde. A tetka posle oslobođenja sasvim polude: zborovi, mitinzi, Afeže, suđenje ratnim bogatašima, dobrovoljno za front, izbori, raskrinkavanje reakcije – i mene posla na Crni vrh. Jedino s tečom nije mogla ama baš ništa. Jedini put, kad ga odvede na miting, da vikne *Živelo Afeže!* – teča kukuriknu: *Da živi anti... fanti...,* pa se zbuni, splete, pa nastavi iz sve snage: *More, Anđo, jebala te mati! Jesam li ti kazo da to neću znati!?«*

Vranovac se tri dana tresao od smeha. Tetka prestade da ga muči; posle toga teča mirno osta u kujni, da šljoka do mile volje.

Kada su me kandidovali za Skoj, rekoše da se zaposlim i da *delujem među radnicima.* I tetka mene u Đenđešijevu trikotažu – u referente za snabdevanje; tamo me je Sreja i upoznao. Dođe i on po tačkice i doznake, a sve je to kod mene, u levoj fioci; tačkice u levoj, spiskovi u desnoj, a plata u kasi, iza leđa. »Meni R-1, jamsku!« kaže on, a ja vidim: zanatlija, nema pravo. Pa mu kažem: »Ne može, nisi rudar, druškane; ako oćeš R-1, a ti – u Vrbovaču!« – »Kako nisam?« buni se abadžija, vidim: svetluca mu oko, biće svašta. »Kako nisam, kada ovaj *moj* – kopa li kopa!«

Ruknuše u smeh, prozori da se rasprsnu; takav je, s oproštenjem, bio Sreja kad sam ga videla prvi put. Dopade mi se, nema tu šta. A i ja njemu. I tako, u jesen, pred Dvadeset i deveti, baš kad je vreme za svadbe, uzesmo se. I bilo nam fino. On me odvede u svoju kuću, tamo iza pivare, pored samog Timoka – tamo i dan-danas živim. Skućismo kredenac, još jedan krevet i radio »Kosmaj«. On htede da proda zemlju u Zjapini, ali mu brat iz Rusije javi da je dâ u zadrugu, pa, kako sam i ja, usijana glava, bila za to, Sreja napisa pismo i pokloni zemlju.

I sve bi bilo lepo, mislim tada, s početka četrdeset i osme, da Sreja ne beše šaljivdžija, i kao čovek mnogo omiljen. Voleo je da se šali, zato ga u trikotaži uzeše na zub.

Počelo je to od sastanka podružnice, kad je Jeumović, po ko zna koji put, agitovao za izume i racionalizaciju: te – moramo i mi da usavršavamo proizvodnju; te – i naš radnik, Timočanin, ne sme da zaostaje za pronalascima; te – udarništvo i takmičenje zahvata čitavu zemlju, zar da ostanemo poslednji; a Sreja sluša, sluša; vidim: usna mu se kao crvić uvija naviše – sad će da tresne neku čarlamu. Ustadoh i kretoh da sprečim, jer znam: ne vole drugovi kad im rušiš autoritet, ali kasno: Sreja diže dva prsta. »Izvoli, druže«, kaže Jeumović i podiže obrvu.

»Ja imam jedan pronalazak«, kaže Sreja i gleda u patos, pa sve trepće, kao mlada. A oni njegovi krojači i abadžije, već se napinju, samo što se ne raspuknu.

»Da čujemo«, kaže Jeumović i podiže i drugu obrvu, a Sreja brka po džepovima i izvlači mrežicu za pijac. »*Možbit!*« kaže Sreja i maše mrežicom, a oni njegovi već se šerebeče. »Kako?« napreže se Jeumović da bolje čuje, i Sreju gleda sumnjičavo.

»Pa... to vam je od onoga: *Može biti*«, kaže Sreja i razvlači onu mrežu – boga mi, kad se raširi, i do pet kila raznog zelja u nju da strpaš! »Kaže narod: nikad ne znaš kad će u GRANAP šećer; čas ga ima, a čas nema, pa – kad kreneš, vučeš, brate, i korpe, i cegere zalud! A ovako: a se otvori radnja, a ti – spreman! Ima mesa – dobro je! Znaš u šta ćeš ga! Ima soli – prvi staneš u red, i miran si; znaš da ti je u džepu *možbit.* U njega ćeš, samo ako se ne rasproda dok ne dođeš na red.«

I priča tako Sreja, zalaže se da štrikamo taj njegov *možbit,* a ljudima suze udarile od smejanja. Samo Jeumoviću pogled osta ladan; vidim: neće mu zaboraviti.

Posle mu kažem: »Bre, Srejo, nemoj, bre, da sa đavolom tikve sadiš; ne znaš ti kakvi su oni.« A Sreja odmahuje i odgovara: »Ne brini ti, Borinka, znam ih ja ko svoj džep. Sve sam ja nji upoznao na Sremskom, a i posle«, pa zviždiće i čeka novu priliku da se zavitlava.

A ta nova prilika – evo je: svečanost uoči Osmog marta. Ustumarala se trikotaža – u trikotaži sve same žene, osamdeset posto žene – ukrašavaju se pogoni, kupuju pokloni, i na Osmi mart se u najvećoj hali obustavlja rad. Prostiru pirotske ćilime, vešaju slike Tita i Staljina, i počinje miting. I opet Jeumović uzima reč i masira sa novatorstvom i racionalizacijom, a Sreja diže dva prsta: »Molim da mi se prizna pronalazak«, kaže, bajagi ozbiljan. – »Kakav sada opet pronalazak?« pita direktor, a Jeumoviću se, vidim, steže vilica. – »Čarapa za nos!« kaže Sreja. I hala počinje da se cereka.

»Šta, bre, bulazniš?« rokće Jeumović, prosto bi da se bije, ali Sreja ne daje ni pet para nego objašnjava, i to sve natenane. »Drugovi«, kaže, pa se okreće radništvu, »jesmo li počeli da pletemo naušnice zbog ladnoću? Jesmo! A da li se vojsci i radnom narodu može i nos da smrzava, a ne samo uši, a? Može! E pa, mislim vam ja i na noseve!« I vadi iz džepa dečiju čarapicu, a sa ranfle visi konopče, čarapicu stavlja na nos, a konopče vezuje oko glave, na potiljak, da mu čarapica ne sleti sa nosa – cirkus!

Eto, tako je to bilo. Zapretiše da će ga na disciplinski i on se smiri. Poverovah: došlo mu iz dupeta u glavu, što se kaže.

Ali ne lezi vraže, evo ga i leto, i onaj Informbiro, i sve se smrači i stumla u brige i neizvesnost. Samo se Sreja i dalje zavitlava – baš ga briga! I tako, šegači se, i čeka konferenciju za V kongres da napravi i treću svoju šalu, treću i – poslednju.

Miting beše u dvorištu; okolo kamioni i sanduci sa pamukom. Dođoše i nekakvi iz komiteta, pa govore, govore, sve se zapenušili da dokažu kako Rusi nisu u pravu i kako smo mi na ispravnom putu, ispravnom ali tegobnom, i da treba izdržati, i raditi, i stezati kaiš, i podnositi žrtve, i sve tako. Na kraju uze reč i Jeumović. Pozva nas da zapnemo još više, da dolazimo na vreme, pa, ako treba, da radimo i prekovremeno da bismo ispunili plan. I tada se, kao za inat, javi i Sreja: predlaže najnoviji pronalazak.

»Da budemo tačni, i da stižemo na vreme, drugovi, mora li da ustajemo rano?« – »Moramo!« viču svi izuzev rukovodstva, viču i pljeskaju, vidim: loše se piše. – »E pa kad je tako, ja sam, drugovi, izmislio najnoviji pronalazak – letnji budilnik, drugovi!«

Svi seućutaše, čekajući šta će dalje, a on, smeška se i oblizuje, uživa unapred, i iz džepa izvlači milikerc. »Šta je ovo, drugovi?« pita, a oni viču: »Sveća, Srejo!« – »E, to vam je – letnji budilnik!« I odmah požuruje, hoće da objasni, pali sveću i diže je iznad glave. »Za sat, drugovi, sveća izgori santimetar, to vam je provereno. Leto je, vrućina je, legneš recimo u ponoć, oćeš da spavaš, a treba da se probudiš u pet. U redu, drugovi, problema nema – tu je pronalazak! Odsečeš onoliko koliko ti se spava, zapališ fitilj, legneš potrbuške i sveću, s oproštenjem, gurneš u dupe! I nema da brineš – čim sveća izgori, budiš se nasigurno!«

Sramota me dok sve ovo pričam, ali – tako je bilo! Ne mogu da zaboravim ono smejanje – čak se oni iz komiteta počeše da oblizuju, a i šta bi drugo? Samo Jeumović ćuti, bledi i guta vazduh. A prekonoć neko kuca na naše vratnice i viče: »Otvaraj!«

»Ko je?« sebam se ja, još sam bunovna, a nešto me preseče; osećam – neće dobro da se svrši, pa mislim, dok odlazim ka vratima: e, moj Sretene, proradi tvoj budilnik! – »Ko je?« pitam

još jednom i otvaram, a u kuću upadoše dvojica
– znam ih. »Spremaj se!« kažu, a Sreja se buni,
i sve se raspituje – zašto? – dok ga jedan ne zveknu preko usta i ne promumla: »Zaveži, kopile Staljinovo, ima gde ćeš i kada da pevaš! Brže!«

Odvedoše ga, a da ga i ne poljubih. Tri meseca nisam o njemu znala ama baš ništa. Obijala sam pragove svih komiteta, ali – koja vajda? Niko da me primi! Posle, čujem da je osuđen. Ali, jednog dana – eto ti njega! Možeš misliti kako sam se obradovala. »Šta to bi, Srejo?« pitam ja i grlim ga, a on samo odmahuje glavom i šapuće: »Ćuti, Borinka.« I – smiri se čovek.

Ali za pakost, na Božić četrdeset i devete odvedoše ga neki u *Dardanele,* pa se on napi tamo ko majka i više ne dođe. Posle mi pričali: zaigrao kozaračko i počeo da peva: *Kreni kolo da krenemo, i Staljina pomenemo* – na licu mesta su ga uapsili.

I prođoše dve godine od tog crnog Božića, a ja ne znam ni da li je živ. U trikotaži navališe da me pritežu: te ne radiš, te sabotiraš, te sumnjaš u ispravan put, i tako dalje, a ja – prvo sam se kidala na froncle, pa sve dokazujem da sam ono što sam uvek bila, a posle – digoh ruke. Jedne noći odvedoše me u Udbu i predložiše da se odreknem Sreje i da radim za njih – ako sam »ispravna«. »Kako, bre, ljudi, da se razvodim«, kažem im ja, a suze nikako da stanu, »kako, kad ne znam ni da li je živ?« Oni – ništa. »Možeš da ideš«, rekoše.

Posle, mislim: živ je, inače što bi me zvali? I bi mi lakše.

Sutradan, u trikotaži poljubih vrata »Drugarice, u našoj sredini nema mesta za informbirovske elemente«, reče mi Jeumović, gad. Pet meseci nisam imala šta da jedem. Jedina se sažalila ona moja luda tetka, beše je već prošlo, smirila se. Davala mi da jedem, a ja njoj spremala kuću i brinula se oko teče; beše već sasvim ufitiljio. A tetka udarila u neki mir, samo se krsti i moli bogu, i subotom neće ništa da pipne. I tako, preko neke svoje prijateljice, subotarke, nađe meni mesto u bolničkoj vešernici; tu i danas radim.

Kažem, dve godine o Sreji nisam znala ama baš ništa. A onda počeše da stižu karte. Na karti piše samo: *Dobro sam,* i – to je sve. Bar je živ, govorim ja sebi, tešim se, srce mi se cepa, i nadam se – doći će jednog dana, sve ima kraj, pa i robija.

Negde, pedeset i prve – beše proleće – sretnem ja Žuću Jotića, najmlađeg burazera onog Blaška Jotića, šefa Udbe – vratio se. Sinj, smrknut, kosa mu se proredila, ide pored Sonje Spalajković, stisli se jedno uz drugo – siročići. Ja, kud ću, šta ću, pa ih zaustavim. Računam: zajedno smo bili u Skoju, zajedno smo pisali parole, nadam se – nije zaboravio. Takva i takva stvar, kažem, i – jesi li video negde moga Sreju. – »Ništa ja ne znam«, kaza on i izmače se, pa i Sonju povuče za sobom. I krije oči – pogled mu prazan – ko da su mu iscurile; ode. Posle nedelju dana čujem: skočio sa duda u Timok iza pivare i glavu natakao na čepar. Eto, tako je to bilo.

A kada se Sreja vratio – beše leto pedeset i treće – ovde se stalno na granici pucalo, i Bugari sve više bežali na našu stranu; vidim ja lepo: i Srejine oči prazne ko u Žuće, i on ćuti, nit onaj veseljak nit daj bože, samo ćuti, ne čuje na jedno uvo, a i kičma mu se malo sakrivila, pa ide naero; iz kuće mrdne jedino u nužnik, ni sa kim ni reč da progovori. Prijatelji mu stari dođu, zapitkuju, pa odu, s oproštenjem, kao popišani, a on – ni da bekne.

»Ništa me ne pitaj«, kaže on, pa i ja – ćutim i ja, a i šta bih? Ženturače me one spopadaju u vešernici, raspituju se, za Sreju se zanimaju, a i za druge koji su još tamo, a ja – šta da im kažem? Tako mi priđe i doktorka Sonja – još je studirala u Beogradu, ovamo samo na praksu dolazila, da se usavršava u medicini, a i da se iskurva preko leta, pošteno da kažem; baš sam prostirala veš tamo kod mlina, iza bolnice, a ona izbi kroz trnje, vidim: suknja joj se sva učičkala.

»Kako si, Borinko?« pita me i sve se izvija, čupa čičak i baca ga u jendek pored groblja. Ja prebacujem čaršave preko konopca i zakačinjem sa štipaljkama; beše neki vetar, pa veš sve lepeće kao zastava. »Kako drugi oće«, kažem i radim svoj posao. Kad, ona iznebuha zasuka rukav, vidim: ruka joj bela – kao od voska da je; gospocka ručica; poče da mi pomaže. »Nemoj, drugarice«, velim joj ja, »nije to za tebe. Pomozi ti meni kad mi sa zdravljem zagusti, a sad, batali, more; i dosad sam sama, pa ću i od sada«, i vidim: ona se čisto postide. »U redu«, kaže, »ako ti štogod zatreba, ti, Borinka, znaš gde možeš da me nađeš.« I tako smo se nas dve nekako sprijateljile; na čudan način. A posle, vidim ja, Sreja nju zanima, muči je, valjda, zašto se Žuća ubi onako iznenada, pa bi htela od Sreje da sazna šta se to tamo desilo tako strašno. »Otkud da znam, sele«, kažem joj ja, »ni meni on neće ni reč da zucne. Čula sam – potpisali da ćute, pa – ćute!«

Posle malo-pomalo, i Sreja uđe u red. Vreme sve leči, pa i njega. Poče da se šali. Ne baš kao ranije, ali – povrati se čovek. I zaposlenje dobi; primiše ga u krojačku zadrugu; čak ga sami pozvaše jednog dana. Dođe poslovođa, smeje se sa onim gvozdenim zubima, ispi tri rakijice, i sve Sreju tapše po ramenu. »Nema da se sekiraš, burazeru, mi smo ti kao košnica! Svako radi svoj poso i u tuđ se život ne meša. A zaradu – delimo pošteno!«

Lagao – nije. Kad se zaposlio, Sreja živnu još više, počesmo i u bioskop da izlazimo, a bogme i u kafanu, i prvi smo u Vranovcu kupili televizor; on tako hteo, a i ja pristadoh, mada je šporet na struju stvar preča. Mislim: napatio se čovek, nek se razonodi. I tako do pedeset i šeste, dok ne dođoše oni Rusi u Beograd, onaj Bulganjin i ostali, da se mire sa Titom. E, tad, baš uoči toga dana, Sreju uapsiše. Ja – da poludim! Pa što, bre, ljudi? Što sad? Šta je sada zgrešio, pobogu? A oni me teše, kažu – to je privremeno. I stvarno, kad Rusi odoše, pustiše Sreju. Ali, izgubi Sreja mesto u zadruzi; neki Bora, neki ćutuk balavi, nadade dreku: pa zar mi informbirovce da izdržavamo u svojoj sredini? Zar da nas oni brukaju? I navrze se čovek, i, dok Sreju ne najuriše, nikako da se smiri.

Sreja posle nađe posao kod Žarka krojača i još bolje mu bi nego tamo, u državnom sektoru.

Apsili su ga još jednom. Bilo je to šezdeset i pete; dođe nekakva ruska delegacija u Vranovac da pregleda rudnike. Bio je u apsi samo tri dana, ali, bogme, nešto se tamo zbilo – iziđe mi čovek modar kao čivit. Sva sreća te doktorka Sonja beše u Vranovcu – već se bila udala za Vuka Babića pa otišla da živi u Beogradu, ali godišnji odmor uvek provede u roditeljskoj kući – te ga ona uze pod svoje; povrati mi čoveka. »Srce«, reče mi, kaza samo to, a Sreja – ni da bekne. »Pa šta su ti tamo radili?« pokušavam da saznam, a on se mršti i odmahuje. »Ništa«, kaže. I vidim: neće o tome ni da misli.

U to poče i brat iz Rusije da mu se javlja, pa se Sreja razveseli. Dopisivali su se tako, jednom, dvared na godinu, a negde marta hiljadu devet stotina šezdeset i osme Jova javi da bi iduće godine, preko zime, došao u Vranovac, što znači šezdeset i devete. Tad Sreja navali da uređuje kuću, sve se brine kako izgleda, on a i ja, pa kupuje košulje i cipele i novo odelo, električne aparate navali da instalira po kujni – pa bogme i dvorište s proleća prerilja, a kokošinjac, prebaci pozadi, kraj Timoka, da se ne vidi. Zasadismo cveće, uvedoše nam i vodovod, pa smo baštu sa crevom zalivali: nismo više morali da vodu iz Timoka u kofama dovlačimo; čak i luster okači Sreja u spavaću sobu da mi dever, kada dođe, može prekonoć da čita. Ja gledam, i sve šapućem: fala ti, bože, najzad mi se i on oporavi i sredi.

Ali, ne lezi vraže, juna šezdeset i osme u Beogradu izbi ona gužva, i sve poče da se komeša i da vri.

Prvog dana Sreja beše miran, samo čita novine, uz kaficu, kao i svako jutro. U radnji čika Žarko ima radio, da im svira dok kroje i šiju. Ali toga dana muziku nisu ni slušali, nego samo vesti. Na ručak Sreja dođe sav uzbuđen, smandrlja dva-tri zalogaja, pa se izgubi. Ja još uvek ne znam o čemu se radi, perem sudove i sve se pitam: bože, šta mu je? Pred veče – evo ga, još luđi. Kaže: »Borinka, ja moram u Beograd!« Ja – hladan znoj me svu obli; već sam i ja čula šta se tamo desilo. »Ma jesi li lud, bre, čoveče, zar ti nije bilo dosta?« – »Bilo je, ali više nije«, veli on, brije se na brzinu i oblači najbolje odelo, ono što je zbog Jove kupio. »Dođe vreme, moja Borinka, da se i o našem životu čuje koja reč.«

Ode, i – ne vrati se. Jedan dan, dva dana, tri, pet; pa jedna nedelja, pa druga, i tako prvi mesec. Kad se sve stišalo, i kad nam preko leta dođoše studenti na praksu, ja ih pitam: »Je li, bre momci, jeste li i vi bili *tamo* kad bi ona gužva?« A Marko, jedan od njih, mlad, čupav i mršav kao isposnik, a uz to i pogled mu ludački, kaže: »Jesmo. A što pitaš?« – »Pa da nisi možda video negde i moga Sreju?« – »A, čika Sreju! Održo nam i on govor, tamo, na fakultetu! Ispričo nam kako ga onaj naš Jotić, znaš ga, onaj Blaško Hemingvej, sredio zbog IB-e, i kako su na Golom kamen tucali.« »I?« pitam ja, ne bi li još štogod čula, a on me gleda, teško se priseća. »Pa to, tetka Borinko.« – »I... ništa više?« – »Ništa. Reko nam još i ovo: vi ste, deco, i nama čast i obraz spasli, meni, na primer, jer i ja sam morao tamo svašta da radim, i druge da bijem ko što su mene bili. I još nam reče da je i u govnima bio, da je moro i klozete da čisti dok mu drugi na glavu seru, da izvineš.« – »A vi?« pitam ja, a sve mi se čini: dosadna sam mu; vrpolji se Marko, jedva čeka da se otkači. – »A mi... gledamo svoj posao, tetka Borinka. Šta bi drugo?«

Tek u jesen dođe, rekla sam već. Modar, izubijan, i bez prednjih zuba. Kad ga videh, ja pravo doktorki Sonji; ona ponovo živi u Vranovcu, od šezdeset i sedme, od kad se Vuk Babić penzionisao. Žena dođe bez pogovora, poče da ga leči, a posla ga i u zubno, zube da namešta. Tad stiže i telegram od Jove, iz Moskve – javlja da dolazi.

Dočekali smo ga kako treba, a on – samo ćuti. A onaj moj, razleteo se, pa ga gosti i čašćava, te čas u Zjapinu, u njihovo selo, kod familije, te u Zaječar, te u Negotin; ponovo mi muž ožive, jedino se u leđa sakrivio još više i još crnji došao u licu nego pre.

Jedne noći sede oni tako u sobi, pričaju li pričaju, bolje reći – Sreja priča, usta ne zatvara, fali se sa životom, i sve brata pita i ispituje kako mu se sviđa te ovo te ono, a ja ležim u kujni na kauču i slušam, a brat mu Jova, »Mali« – mali zaista, ali već star i ćelav nekako, ružno ćelav, kao da mu je zlatica obrstila kosu – tek će iznebuha: »A što ti, Srejo, izgledaš tako nekako... nezdrav?« – A on, Sreja moj, slaga. Lepo čujem, reče: »Ja? Ma ajde, bre, burazere! Konja, bre, u zube da ponesem!« – »Aha, u zube«, opet će Jova, »a gde su ti ti – zubi?« Ja ćuljim uši, čekam odgovor, al odande – samo tišina. Boga mi, potraja tišina poduže, dvanaest puta se čulo kako crkveni sat otkucava ponoć, čulo se neometano, pa posle još malo bi tišina, i tek se zatim Sreja oglasi. »Znaš, pravo da ti kažem, šmuljao sam se po stanici zbog neke skretničarke, al, navraga, banu joj muž, i ja, kud ću, pa kroz prozor, spotaknem se i s gubicom pravo u šinu – odoše zubi! Samo, molim te, bracane, nemoj slučajno da zucneš pred Bornikom, odraće me!«

Eto, tako mrsno slaga moj Sreja, slaga do uvrede, al mu opraštam – ne htede ni reč pred bratom da kaže protiv ove naše države, nek mu je laka crna zemlja.

A posle, dođe vreme da mi dever krene za Rusiju. Natovarismo ga kao magare, tu su ti svi mogući pokloni od cele familije, tri puna kofera i dve kotarice – on neće pa neće, a vidim: sve se osvrće da nismo štogod po ćoškovima zaboravili; spakovasmo ga, izljubi ga familija, i na dan polaska – beše nedelja – pođosmo da ga otpratimo. Ludi Bane uze stvari na svoja kolica i ode na stanicu, pre nas, a mi polagačke, nogu pred nogu – dva puna sata beše do voza. I tako idemo, korak po korak, a Jova gleda svaku kuću, svaku firmu i svaku banderu, upija sve to s očima i govori, sve se naglas preslišava – ovo je bilo, a ovo nije, dok će odjednom: »A tu li je Šemsa, Srejo, sećaš se? Tamo smo išli na tulumbe!« – »Tu je, naravno«, kaže Sreja, »a gde bi bio? Oćeš da svratimo, ima još vremena?« – »Ajd, baš«, reče Jova; videh: sinuše mu oči, i mi pravo u poslastičarnicu, blizu stanice.

Poslastičarnica stara, drvenarija sva ispucala pa prefarbana sa belim lakom, u njoj sve sami vojnici i neki Igančići. Poručismo tulumbe, vidim: bajate, ali ćutim, mislim se: da ne kvarim rastanak, i – pojedosmo ih. Jova pojede dve porcije, a mi po jednu, napismo se boze, a posle, kad smo na stanici otpratili Jovu i kad smo se vratili u kuću, Sreji pozli. Tek što se bejasmo skinuli i blatnjave cipele ostavili u predsoblju – beše lapavica – a ja ne izdržah, nego mu pravo u obraz. »Je li, bre, Srejo, kako te ne bi sram, nego slaga brata za zube?« – A on, poćuta, pogleda me, pa reče: »A šta bi drugo? Da mu priznam kolika sam bio budala?« Reče to i zgrči se, pa poče da povraća. Ni meni ne bi najbolje, poždrigujem nekako na užeglo, al gde da mislim na sebe, vidim: posinjeo, znoj ga obli, duša mu u nosu, i – kud ću? – ponovo po doktorku Sonju.

»Trovanje«, reče ona, pozva stanicu za hitnu pomoć, smestismo ga u bolnicu, ispraše mu stomak i bi mu lakše. Što li mu kazah ono, što mu rane povređujem – jedem se celu noć, nikako da zaspim. Kad, izjutra, ja samo što odoh na posao, a grom me udari iz vedra neba – Sreja umro...

Posle sarane vraćamo se doktorka i ja sa Ciganskog groblja, idemo, ćutimo, ja sve mislim na ono što mu rekoh kao poslednje, krivim sebe, a krivim i doktore, ne mogu da izdržim, pa ću odjednom: »Dobro, bre, doktorka, kako tako – kao nožem? Zar ne mogoste da ga spasete, zar ne reče da mu je bolje?« – »Spasli smo mu mi stomak, Borinka, ali srce nismo«, reče ona. »Srce mu je izanđalo, mila moja, a kad ono dotraje, tu leka – nema...«

I osmehnu se žena nekako tužno, tužno i gorko; nikada je nisam videla da se tako smeška. Kao da je i o sebi nešto htela da mi kaže, ali je stid.

A posle, pričam ja sama sa sobom, i mislim – možda je ona sve ove godine brinula o Sreji, a mislila na Žuću, onoga svoga verenika, i na ono što nije mogao da izdrži. Možda je od Sreje jedino i čula šta se sve tamo i Žući desilo. Jer ono *tamo*, svetnu mi tek posle kao munja, ono što su samo oni znali i što su čuvali kao najsvetiju tajnu do groba – pa to je bio *sav* njihov život...

ČVAKIN IZ CREVARE

Zvali smo ga Čvakin.
 Godinama smo sa njim igrali klikera i zajedno se šunjali po vašarištu, uhodeći ljubavne parove.
 Imao je okrugle, crne oči i mala-mala usta sa sitnim zubima. Zubi su mu bili poređani kružno, optakale su ih nabubrele usne.
 Krao je sve što bi mu palo pod ruku – od višanja s pijace do nemačkih gas-maski. Krao je, jer je jedini imao hrabrosti da to čini, uvek, i usred dana, i naočigled svih. Jednom se uvukao u dvorište krajskomandanture i odande zdipio manjerku, čuturicu i bajonet: visili su o ogradi dvorišnog stepeništa.
 »Čvaknuo Švabama opremu!« povikao je neki nedićevac i jurnuo za njim. Gonio ga je Hajduk-Veljkovom do pijace. »Dršte ga!« urlao je iz sveg glasa i mlatarao pištoljem, ali, u gužvi, između volovskih kola i brda lubenica, više se nije znalo ko koga juri.
 Tada ga je Mladen Sibinović, naš zajednički drug, prozvao – Čvakin!
 Živeo je na izlazu iz Vranovca, pod Zmijancem, kod ujaka električara. Ujak mu je bio pijanica – veseljak; i njega je od dobrote napijao. Ošamućen, Čvakin bi se teturajući izvlačio iz udžerice i padao na prag. Tako smo ga i zaticali, zelenog u licu, uplakanog, i umazanog u bljuvotine.

Tek u petnaestoj godini glas mu je ogrubeo. »Pogle, moje kopilanče počelo da kukuriče!« preplitao je ujak jezikom i mrsio mu iz milošte kosu. Čvakin nije znao ko mu je otac. Ni ujak nije znao. Njegova sestra – Čvakinova majka – krila je do smrti čoveka s kime je zanela. Ubili su je Bugari četrdeset i prve, na ulici, posle policijskog časa.

Kad je sazreo, i shvatio šta ujak priča, Čvakin ga je omrznuo. Uvukao se u sebe kao leptir u ljusku. Zrio je, kao i mi, ali nije rastao. Jedino se po nausnicama naslućivalo da dečaštvo ostaje iza njega. Jednoga je jutra obrijao prve retke mekane malje, i tu nas pretekao. Tog istog dana ujak je pijan ušao u transformator i izgoreo; Čvakin je nastavio da živi sam, pretičući nas i na taj način; napustio je gimnaziju i zaposlio se u crevari.

Kada bi naše majke s jeseni kuvale paradajz, i grliće flaša zatvarale suvim crevima, mi bismo ga se setili. I više ga nismo zvali jednostavno – Čvakin; već: Čvakin iz crevare. Shvatili smo da se smirio, da je prestao da krade, ali i da se druži s nama; živeo je nekim zatvorenim životom. Kretao se duž pruge, od kuće do crevare, i nikuda drugde. Jedina razonoda mu je bila da na Timoku peca ribu.

Tamo, kraj reke, provodio je dane. Izbegavao je društvo; kao i razlozi zbog kojih je tumarao po reci, i pribor za ribolov bio mu je drukčiji nego u ostalih. Beše mu dovoljan drenov prut i špenadla na koncu, pa da platnenu torbu – jednu od mnogih koje je davno, za vreme rata, ukrao od vojnika – napuni ribom. »Nije važno šta je iznad vode, nego ono u njoj«, kažu da je katkad govorio. Ali, mi nismo bili baš ubeđeni da se Čvakin trudio da ikome objašnjava šta radi. I zašto to, što radi, radi baš tako.

Bio je majstor da nađe najbolje mesto za pecanje. Obično je odlazio daleko od rukavaca po kojima su se gnezdili pecaroši. Prvi je otkrio majdan štuka u viru iza klanice, tamo, kraj kanalizacije iz koje je bljuvala krv. A kada su u korov, načičkan po strmoj obali, dobauljali i drugi, Čvakin se već nalazio kraj Đergove vodenice. Iz potoka, iza jaza, vadio je pastrmke. Ili na suprotnoj strani grada, desetak kilometara uzvodno, na ušću Zjapine u Timok. Odande se vraćao natovaren belicom. Znao je mrtvaje gde u određeno doba zalazi som iz Dunava. Pronašao je panjeve i žile sa skrivenim šaranom. A u rano proleće – niko nije znao odakle – donosio je i kečigu.

I tako, gacajući po vodi, dok smo mi bubali matematiku i marksizam, a slobodno vreme traćili po igrankama, on je iždžikljao kao trska. Jedino su mu usta ostala mala, slična detinjim. I zbog tih usta, Slavica Šestić, najlepša devojka sa vranovačkog korzoa, izjavila je da joj je Čvakin »ludo simpatičan«.

»Ti, Slavice, moraš sve suprotno, pa i švalera«, pokušali smo da je zezamo, ali nam je ona pokazala lakat. »Ko vas šiša«, dobacila je, sela u džip i, ričući auspuhom, uspela da po ko zna koji put skrene na sebe pažnju čitavog korzoa.

Ovoga leta ona je džipom, kupljenim na vojnom otpadu, dizala prašinu po našim sokacima. Džip je bio obojen u belo. Vozila ga je ludačkom brzinom, spuštenog vetrobrana – iza nje se, kao griva za besnom kobilom, vijorila svetlucava kosa. Bila je riđa, visoka, uzanog struka i bujnih grudi. Bila je lepa, na neobičan način, divlja i drska. Družila se samo s muškarcima. Nosila je farmerice i čitavo leto provodila u Vranovcu, kod roditelja.

Otac joj je bio kapelnik duvačkog orkestra u vranovačkom garnizonu, neki nastran čovek u oficirskoj uniformi; a mati – bubuljičava baba--Roga, predavala je hemiju u gimnaziji – strah i trepet za sve nas. Dobiti trojku iz tog predmeta značilo je izvući najveću premiju. Slavica – sklona ekstravagancijama – studirala je orijentalistiku.

I mi smo se spremali na studije. Valjalo je odlučiti šta ćeš, i na fakultetima položiti prijemni. Trebalo je preseliti se u dalek grad, napustiti Vranovac. Leto nam je proteklo u uzbuđenjima i neizvesnosti; bezbrižni đački dani kao da su iščezli iz naših života. Zaokupljeni promenama, i onim što nas čeka, zaboravili smo Čvakina. Nismo saznali ni kako je došlo do poznanstva između njega i Slavice.

Prema nekima, Slavica je srela Čvakina na putu za Beli Potok. Protutnjala je pored našeg nekadašnjeg druga, a on se teturao, iskrivljen od tereta: nosio je na leđima soma od tridesetak kilograma; prebacio ga je bio oko vrata – kao ovcu. Prošišala je – pričali su – zasula ga prašinom; Čvakin se izgubio u žutom oblaku. A zatim je zakočila. Džip se zaustavio uz cijuk kočnica, pa se vratio unazad, ali takvom brzinom da se istog trena našao u jaruzi. Udarila je u drvo i razbila džip.

Izgleda da je u priči bilo istine: duže vreme Slavica je tišinu vranovačkih sokaka ostavila na miru. A oni koji su odlazili na Timok govorili su da Čvakin iza pivare više ne peca sam. »Ulovio tutamuta najvećeg ribičona, mamu li mu crevarsku!« psovali su ne skrivajući zavist; u Vranovcu ne beše momka, pa ni starijeg čoveka, oženjenog, s familijom – na primer, apotekar Viobran, čiji je sin bio Slavičin školski drug, ili Pera »Direr«, nastavnik crtanja, ili Sreta Kalafatović, sekretar Sreskog komiteta – koji nije pokušao da zbari riđu divljakušu. Ali, ubrzo, svima je postalo jasno: jedini čovek na koga ona nije bacala čifte i kraj koga je provodila dane da bi mu vadila crve iz blata, hvatala skakavce i mušice, i kvasila ulovljenu ribu da se ne usmrdi – bio je Čvakin.

Po drugoj priči, zbližili su se zato što Slavica u koži nema pigmenta. To jest, nije smela da se sunča. I dok su se ostali izležavali po usijanom kamenju, na plaži iza pivare, ona bi se samo okvasila u reci. Brže-bolje bi se zavukla u žbun, da čita ilustrovane časopise. A ko je još bio u blizini? Ko je onaj visoki i suvi momak što i ne haje za brčkanje u mlakim talasima, i kome su lice, vrat i ruke ispod lakata crnji od dimničara, a ostali delovi tela beli kao sir? – Da li se ona obratila njemu, ili on njoj, malo je važno. Mada je gotovo sigurno da je Čvakin ne bi ni primetio da se ona sama nije postarala da skrene njegovu pažnju na sebe. Ili, što je verovatnije, Slavica je bila ta koja mu je stavila do znanja da je on, ćutljiv i turoban osamljenik, *njoj* zanimljiv. I, što je još važnije: *zanimljiviji* od drugih.

Kako bilo da bilo, tek, posle prvog susreta – pa bilo da se dogodio na putu za Beli Potok ili na Timoku iza pivare – Čvakin se više nije vraćao kući sam. Natovarena prutovima, trčkarajući po pragovima ili po šini, prugom je pored njega išla i Slavica. Uveče, na pragu njegove udžerice, ona je oštrim nožem ribama parala utrobu i strugala krljušt, a on u kuhinji raspaljivao vatru.

»Je li, bre? Pa ti – pravac u krečanu?« zavitlavali smo je uveče, na korzou.

»Brak na pomolu, S.O.S!«

»Tu su vam, burazeri, vila u pejzažu, pa da sa i po, a uz dasu i riblja čorba!«

»Bravo!«

»I suva crevca!«

»Mesto kutona!«

»Jedi govna«, glasio je odgovor.

Kad je džip opravljen, ispod Zmijanca se u rano jutro čulo štektanje auspuha. Na džip se peo Čvakin; pozadi bi poređali štapove, kedere, alove i torbe, konzerve s glistama i tegle s mušicama, pa bi, ispraćeni psećim lavežom i prvom jutarnjom svetlošću, otprašili na jug, u planine, u potrazi za pastrmkom. Ili na sever, niz Timok, čak do Dunava.

Jesen ih je razdvojila.

Slavica je otputovala u Beograd.

Čvakin je ostao tamo gde je i bio. Vratio se crevari, Timoku, samoći.

I mi smo otišli u Beograd. Zaronili smo u vrtlog, u metež fakultetskih hodnika, u prepune amfiteatre, u kabinete i čitaonice, kafane, barove i noćne lokale. Napunili smo studentska naselja, kuhinje i devojačke sobe naših rođaka, ili ćumeze periferijskih stanodavaca. Katkad, noću, prepušteni sebi, svojim sećanjima i svojoj tajnovitoj, iskrenoj a nepriznavanoj misli, uvijali smo se od bola što nismo tamo, na Istoku, iza planina, u našoj varoši, i kraj naše reke. Ali taj grč ostajao je pridavljen u srcu i zasut nizovima narednih dana, ispunjenih trkom, lomatanjem po trolejbusima, bubanjem po zagušljivim studentskim sobama, ili svađama sa »gazdaricama«. Ređali su se kolokvijumi, obarao nas umor. Nagrizali su nas alkohol, mršave, blede, jarko našminkane žene, noćne sedeljke i mamurna jutra. Nesigurnost, strah, jauk od poraza i trošna, paučinasta sreća od lažnih uspeha i priznanja razbijali su sve ono tiho tkanje koje nas je vezivalo u dečaštvu i momaštvu; odvajali smo se, sklapali nova, brzometna poznanstva, gubili se, i ponovo, grčevito, pronalazili. Više u zlu negoli u dobru, osećali smo se kao zrna prašine na hladnoj vetrometini. I da ne bismo potpuno pokidali niti, da bismo se ipak povratili sećanjem, osmehom ili prepričavanjem događaja iz prošlih dana, što su ponovo izrastali pred nama ukrašeni oreolom onoga što je bilo, mi smo se svake večeri okupljali u Knez Mihailovoj, ispred *Medžeda,* na ivici trotoara; to mesto je Sibinović, sada student rudarstva, nazvao *Vranovačka ambasada.* Sakupljali smo se da bismo progovorili svojim narečjem, i da nas razgale naše psovke; da nas smire naša sećanja – da bismo se pribrali. Prenosili smo jedni drugima vesti iz našeg kraja, uručivali poruke; morali smo da se podsećamo ko smo i odakle smo.

Među nas je zalazila i Slavica. Katkad. U vrtlogu hiljada studenata, njen bakarni cvet, bujan kao meduza, sevnuo bi poput varnice, pa se gasio. Živela je bučno, uvek sama, ali u društvu muškaraca, raspoložena za šalu, zavitlavanja. Odlazila je na Avalu, u Košutnjak, na Kosmaj, na Frušku goru, a u džipu, poput pčela oko čaše pune meda, tiskalo se tuce obožavalaca. Noći je provodila po kafanama i terevenkama, a na fakultet je svraćala retko. Izgledalo je da joj taj bleštav i bučni kovitlac odgovara. Činilo nam se da je zaboravila Vranovac i – Čvakina.

Ali to nije bilo tačno.

Početkom zimskog raspusta Slavica se prva pojavila u Vranovcu, i istog dana otišla pod Žmijanac. Pitali smo se šta će njih dvoje sada, kada je Timok zaleđen, a košava fijuče duž obala, britka kao nož. Mislili smo da će potražiti druga skrovišta, da će se zavući u krčme izvan grada, ili se tiskati po senicama i plevnjama, ili – možda – u staklenoj bašti sred rasadnika, u čijoj su blizini stanovali njeni roditelji.

No i ovoga puta smo se prevarili. Opet su bili na Timoku. Sada, po zimi, čitava reka bila je njihova; i očerupani, smrznuti vrbaci, i uvale, i rukavci; svaki kamen, svaki panj. Ogoljena, bez lišća po obali, siva i neprozirna, usnula pod ledom, reka je, ukoliko je nisu skrivale mećave ili magla, mogla da se vidi izdaleka. Kraj nje, obalom, katkad bi prošli lovci u pratnji pasa, i niko više. U toj pustoši, nad kojom je zviždao vetar, boravilo je njih dvoje; kao da ih jesen i početak zime nisu rastavljali, i kao da se za to vreme ništa nije dogodilo. Jedino što behu ututkani u zimsku odeću, ona u bundu, čizmice i debele pantalone, sa čupavom šubarom iznad riđih kurjuka. Rumena kao bulka, bila je zauzeta razbijanjem leda, ili skupljanjem iverja za vatru koja je uvek, nedaleko od mesta s kojeg su pecali, gorela na sprudu. A on – umotan u poderanu železničarsku dolamu, u šalove, takođe u debelim pantalonama od žućkastog sukna i s vojničkim cokulama iz kojih su virile čarape od bele vune; na glavi obično nije nosio ništa. Savijen, ruku crvenih od mraza, stezao je strukove prodenute kroz golo granje, ili sekirom cepao led, ili mlatarao i skakao u krug kao medved da bi se zagrejao, zavlačeći promrznute prste pod pazuha. Nije govorio, niti se smejao; jedino kada bi mu pogled dolutao do njene vitke figure, i do krupnih, zelenih, koso razmaknutih očiju, njegova malecna, dečija usta izvila bi se u nemi smešak. A ona bi mu prišla, ali samo ako ne drži strune. Uzela bi mu prste među svoje, pa ih dugo trljala rukavicama, ili duvala u nokte magličastim dahom.

I, tako od jutra do mraka, iz dana u dan. Pred veče, u sivi, mrazni smiraj, vraćali bi se prugom njegovoj kućici, kao usred leta; ubrzo bi se iz odžaka zavijorio dim. Veoma rano, za tili čas, spustila bi se noć. U domovima, i u varoši, i na periferiji, planula bi svetla. Jedino bi u Čvakinovoj udžerici i dalje carovao mrak. Ali nije samo dimna perjanica kazivala da u kući ima ljudi, već i nemirni bakarni sevovi sa ognjišta, što su krvavim jezicima oblizivali okno. Po koji put, ali retko, neko od njih dvoje izišao bi u dvorište, do bunara, po vodu, ili do nužnika, da u jamu baci krljušt i utrobu očišćene ribe. Njihovi koraci staklasto bi zvonili po poleđenoj stazi.

Kasnije, uveče, posle osam-devet sati, Slavica bi dolazila u dom JNA na igranku, ili u bioskop, ili u *Rtanj*, gde smo se sakupljali na vruću; i to sama. Znali smo otkuda, ovo je već svima bilo poznato. Navikli smo. Prestali smo da je zafrkavamo.

Krajem februara vratila se u Beograd, kao i mi. Čvakin iz crevare opet je ostao sam.

Marta meseca bila je redovna regrutacija. Kod stanice, iza benzinske pumpe, nalaze se stara železnička skladišta; njih je vojska, svakog septembra i svakog marta, koristila za sabir regruta vranovačkog vojnog okruga. Tada su sa svih strana, iz varošica, iz sela i rudnika, pristizali pijani regruti – Vranovac se danima prolamao od zapevajućih oproštajnih urlika. Po pločnicima i kaldrmi krckala je ispod nogu srča razbijenih flaša.

U skladištima, nasred polumračnih hala, caktale su mašinice za šišanje, a po šljunkovitom dvorištu, opervaženom dugačkom ogradom od grubo livenog betona, belasale su se ogoljene glave.

U tom ošišanom i sasvim obezličenom mnoštvu, koje je strpljivo očekivalo transport u udaljene krajeve, mogao je da se vidi i Čvakin. Stajao je oslonjen o betonski zid, ruku zabijenih u džepove. Ili je sedeo na drvenom sanduku laktova poduprtih o kolena, a glave, najednom smanjene, pljosnate i nekako izdužene bez kose – jajaste – pobodene u čvornovate šake. Pogled mu je bio strpljiv i tup kao i pogledi ostalih mladića. Oni su kroz rasklopljenu kapiju u buljucima izlazili na sporedne koloseke i, gurajući se bezrazložno, uskakali u teretne vagone. Ali, za razliku od njih, Čvakin nije otputovao. Na veliko iznenađenje svih njegovih vršnjaka, prišao mu je jedan vodnik i izveo ga, samog, a zatim, ne objašnjavajući mu ništa, možda zato što nije smatrao za potrebno da regrutu ma šta objašnjava, a možda i zbog toga što ga Čvakin nije ništa ni pitao, najkraćim putem odveo u vranovačku artilerijsku kasarnu. I ako se dogodilo čudo: Čvakin je bio prvi regrut koji je služio vojsku u rodnom mestu. Kako je to moglo da se desi? I zašto? – Odgovor je stigao brzo: Slavica Šestić, ćerka kapelnika vojne muzike, uspela je preko Šefa vojnog odseka, nekog malog i krivonogog kapetana, prijatelja njenog oca (već petnaest godina njih dvojica iz nedelje u nedelju igraju u kuhinji kraj šporeta »mice«), da sačuva Čvakina za Vranovac i – sebe.

»Eh, što ti je ljubav!«, podsmehnuli smo se u Beogradu, u *Vranovačkoj ambasadi,* to jest na ivici trotoara ispred *Medžeda,* kada smo saznali za Slavičin poslednji podvig. Bio je to naš jedini komentar vesti o Čvakinu, koja je sredinom marta stigla iz Vranovca. Podsmehnuli smo se, a zatim ga potpuno zaboravili.

U drugom semestru na fakultetu je bivalo sve gušće. Sustizale su nas vežbe i kolokvijumi, bližili se ispiti. Za te presudne trenutke trebalo je okapavati po čitaonicama, po seminarima, i bdeti nad knjigama, a miris bagrema ili lipa nezadrživo je prodirao kroz otvorene prozore. Meko, umilno gukanje gugutki, cvrkut vrabaca i veseli devojački glasovi unosili su nemir u naša srca; čežnja za rodnim krajem i tupi bol u želucu gotovo da su nas izludili. Što pre ostaviti sve iza sebe, mislili smo okončati sve to sa uspehom ili po cenu poraza – i pobeći. Vratiti se u naša brda, suncu i treperavom hladu kestenova, sočnoj travi po senovitim dvorištima nad kojima lebdi topli miris tek skuvanog pekmeza, vratiti se Timoku, vašarištu, svežim večerima na Zmijancu.

I zaista, krajem juna i početkom jula, kad je sunce od Beograda načinilo neizdržljivu betonsku peć, mi smo, posustali, smršali i satrveni umorom, jedan po jedan dolazili u Vranovac. Poneko se vratio položenih ispita, većina sa šarenim indeksima, neko na ispite nije ni izlazio, i za deset-petnaest dana bili smo opet svi na okupu: i mi – brucoši, i oni najstariji, što već deceniju traće vreme na univerzitetu. Svi, osim Slavice.

To da nje nema podsetilo nas je na Čvakina. Počesmo da se raspitujemo šta je s njima, pogotovu šta je s njom. Jer – setili smo se – ona je »brinula brigu o budućnosti«; uspela je da njoj potčini i vojsku. I tada smo saznali da je otputovala u Tunis, na praksu: uvežbava na nekom institutu arapski jezik.

A Čvakin, njega smo subotom posle podne i nedeljom povazdan viđali na Timoku. Čučao je kraj brzaka, na kamenu, u vojničkoj uniformi. Pecao je, sâm. U sutonu bi napuštao reku i sa ulovom i pecačkim priborom udaljavao se niz prugu, ka Zmijancu. A odande, uveče, vraćao se u kasarnu. Čitavu narednu nedelju provodio bi u kasarni, na vojničkim dužnostima, da bi se u subotu posle podne opet obreo kraj reke.

»Zdravo, Čvakin«, prišli smo mu jednog dana.

»Zdravo.«

»Kako ide?«

»Eto.«

Ućutasmo. Nije nas ni pogledao.

»Znaš li kad se vraća Slavica?« upitali smo ustežući se, obazrivo.

»Na jesen«, reče on, pa trže struk: nad vodom palacnu mrena – imala je više od kilograma.

Znači, dopisuju se – zgledali smo se kao zaverenici, i udaljili. Na okuci, tamo gde je počinjao vir, osvrnuli smo se. On je i dalje čučao na kamenu, zagledan u vodene krugove oko plovka.

Sutradan, u podne, sreli smo na Zmijancu Slavičine roditelje; silazili su niz strminu – otac napred, mati za njim. Ugledavši nas, ona se osmehnu i njeno ružno lice više nije bilo izobličeno mrzovoljom kao u gimnaziji. Zaustavila nas je raspitujući se kako smo prošli na ispitima. »A moja Slavica ode u Tunis«, reče ponosito. »Malo nam je neobično bez nje«, dodade, »ali – šta se tu može? Sad nam je bar mir u kući.« I osmehnu se. I to je bilo prvi put da nam njen osmeh bude prijatan. »Do septembra«, završi, pa krete za mužem koji je nestrpljivo cupkao nekoliko koraka ispod nas. »A za vašar – evo nje opet, ne brinite! Do tada će joj ogaditi ta Afrika.«

U Vranovcu vašar traje pet dana. Počinje trećeg oktobra, a završava se sedmog, na dan oslobođenja Vranovca. Već koncem septembra na vašarište se iz svih krajeva Srbije sležu kamioni, šatre, cirkuska kola, kavezi s divljim životinjama, i već prvog dana velikog vašara svaki je pedalj zemlje prekriven seljačkim kolima. Ispod kola gomilaju se slama i balega, a okolo tezge na kojima se prodaju dugmad, šećerleme i liciderska srca. Zatim se nižu stolovi sa tombolom i trange-frange, kafanske nadstrešnice od pruća i trske, cirkusi, ringišpili i streljane, zid smrti, centrifugalni bubanj. Među svetom prodevaju se Cigani-koritari, male pokretne prodavnice ženskih drangulija, bozadžinice, kolica za sladoled. Od ranog jutra pritiče narod s brda, podižući prašinu, i taj metež, mamljen piskavim glasovima pevaljki i harmonikaša, i krkljanjem zvučnika i cirkuskih reklama, ne prestaje sve do nedelje. A na taj dan, koji se u samoj varoši obeležava zastavama, transparentima, pirotskim ćilimima i slikama rukovodilaca, gužva dostiže vrhunac.

Besposleni i željni da poslednje dane raspusta provedemo što bezbrižnije, i mi, vranovački studenti, motali smo se te jeseni po vašarištu. Jeli smo pljeskavice i sladoled, pucali iz vazdušnih pušaka, udarali maljevima u merače snage, nabacivali alke na grliće flaša. Zavlačili smo se u cirkuse i seoske birtije, vrteli se u centrifugi, i jurili Vlainje po Zmijancu.

Tamo, na vašaru, viđali smo i Čvakina. Bio je pijan – prvi put od smrti svog ujaka. Za svih pet dana nije se nijednom otreznio, i mi mu nismo prilazili. Znali smo zašto to radi: prošao je bio čitav septembar, a, evo, i oktobar je načet, a Slavice nema. Bojali smo se da ga ne uvredimo svojim prisustvom, da mu ne povredimo ranu, pa smo ga puštali da radi šta hoće. Jedino smo strahovali da ga vojna policija ne opazi tako pripitog.

Što se, najzad, i desilo.

Dogodilo se to poslednje večeri, usred najveće gužve. Čvakin je čitav dan posrtao kroz narod, motao se oko šatri, znojav, bled, i mrtvački naceren. Kada bi nas ugledao, nas – nekadašnje svoje drugove – odmahivao bi rukom i dugo vrteo otežalom glavom; na njoj je šajkača stajala nahero. Gubio bi nam se iz vida, pa ponovo izranjao, čas na ringišpilu – na njemu bi se okretao do povraćanja – čas kraj prodavnica mekika, iz čijeg je ključalog ulja golim prstima grabio nedopržno testo i gurao ga halapljivo međ vilice, čas u menažeriju gde smo ga zaticali kako pilji u smrdljive životinje, u majmune i u stakleni sanduk sa ogromnim, nepomičnim zmijama.

Uveče, pred kraj slobodnog vremena, naleteo je na vojnu policiju. Iskrsli su iznenada, pojavili se iza perdeta najmanjeg i najbednijeg cirkusa; pred ulazom je mršava akrobatkinja u pocepanom trikou dubila na glavi i sopstvene noge uvijala oko dugog i žilama prekrivenog vrata. Pod njom je debeli klovn udarao tasovima i promuklim glasom pozivao narod na predstavu.

Čvakin je stajao iza nekih seljanki i zverao uvis. Još je mogao da bude na vašarištu: nije mu bila istekla dozvola za izlaz. I verovatno ga patrola ne bi ni dirnula da mu šajkača nije stajala naopako – zvezda petokraka crvenela se sred potiljka.

»Poljazi, vojnjik!«, rekao mu je onizak, usukani Šiptar, vođa patrole. Nije ga ništa pitao, niti je hteo da se objašnjava.

»A što, prijatelju?« pokušao je Čvakin nešto da kaže. Gledali smo ga kako se klati na slojanjenim nogama; s malih okruglih usana nije mu silazio beslovesni smešak. Okretao se, posrtao, obigravao oko patrole, a oni – sredovečni Šiptar orlovskog nosa i dva golobrada vojnika – trčkarali su u krug vijajući ga oko cirkusa.

»Ne prićaj, vojnjik, vidiš, pijanj si«, pevucnuo je Šiptar kratkim mekanim slogovima i isturio mašinku. Čvakin je slegao ramenima, pa, preplićući nogama, krenuo iz šarenog svetlosnog kruga. »Njamesti, vojnik, kapa, i ne prićaj!« opominjao je vodnik Šiptar i verovatno bi se sve završilo na tome, kao i s mnogim drugim pijanim vojnicima na vranovačkom vašaru, da se iz dubine sokaka, u koji tek što behu stupili, nije pojavio beli džip.

Dolazio je iz centra grada prašteći auspuhom.

Čvakin je najednom stao. Mi smo se nalazili pedesetak metara iza patrole, pokraj pruge, leđima oslonjeni o žice za signal. Hteli smo da vidimo šta će dalje biti. I tako smo primetili kako se Čvakin ukočio. Trenutak kasnije ispravio je čitavo svoje dugačko telo, kao da se trezni: beli džip se primicao sve bliže, treskao je i zvečao po kaldrmi. Tada je Čvakin zaboravio gde se nalazi. Zaboravio je ko je iza njega i zbog čega je baš tu, u tom mračnom i prašnjavom sokačetu. Jednim trzajem natakao je šajkaču na uši i jurnuo.

»Ej, vojnik! Stoj! Pucam!« viknuo je Šiptar; čuli smo u magnovenju. Njegov mekan i piskav glas zaglušio je prasak mašinke. A zatim smo videli kako je Čvakin zastao u po koraka, kako se okrenuo, pogledao nas začuđeno, ništa ne shvatajući, pa se srušio na busen.

Pritrčasmo.

Ali džip nije došao po njega. Skrenuo je za ugao i izgubio se u bočnim periferijskim uličicama. Bio je to džip veterinarske stanice opštine Vranovac.

Dva dana kasnije pokopan je na Ciganskom groblju. Iza mrtvačkog sanduka, sklepanog od neobojene čamovine, koračao je komandir Čvakinove baterije i jedna vojnička desetina. Iza vojske smo bili mi, njegovi drugovi, i niko više.

Pogreb je obavljen po suncu.

Uskoro smo ponovo napustili Vranovac. Na Čvakinov grob više niko nije dolazio. U Beogradu smo saznali da se Slavica Šestić neće vraćati iz Tunisa: udala se tamo za nekog ministra Burgibinog kabineta inostranih poslova.

Vremenom smo je zaboravili. Zaboravili bismo i Čvakina iz crevare da uličicu, u kojoj je poginuo, nisu nazvali *Čvakinovo sokače.*

Taj sokak, kojim se iz grada izbija pravo na vašarište, nije imao imena. Bio je usečen između tek sazidanih, niskih, neomalterisanih kuća. U njima su stanovali seljaci koji su napustili sela i došli da rade u industriji. Dvorišta tih kuća bila su blatnjava i zatrpana đubretom. Svako drugo domaćinstvo imalo je štalu, tor, obore; iz njih su grdele svinje. Tu, u tom divljem naselju na izmaku varoši, ljudi su živeli na stari način; jedino, pokraj dimnjaka, brzo je džikljao čestar televizijskih antena. Čula se svađa, blejanje ovaca, dečji plač, a iznad sve te svakodnevne i neprekidne vreve treperili su jecavi zvuci narodne muzike i siloviti, moćni glasovi Safeta Isovića, Tomice Zdravkovića, Bore Spužića Kvake, Meha Puzića, Lepe Lukić, Tozovca i Silvane, i preko pustog i valovitog vašarišta doletali čak na Zmijanac.

Poslednjih leta, vranovački gradski oci behu odlučili da meštanima urede život. Prekopali su ulice, ispresecali ih jarkovima, u rovove položili cevi od betona i keramike, zatrpali jendeke i asfaltirali kolovoze. Tako je i Vranovac dobio kanalizaciju i vodovod. Na samom uglu Čvakinovog sokačeta robna kuća *Beograd* sazidala je veliku samoposlugu, i jednog jutra na njenom belom i velelepnom zidu osvanu emajlirana tabla plave boje: ULICA XXII DIVIZIJE. Bila je to jedinica Narodnooslobodilačke vojske koja je pre četvrt veka, zajedno s Rusima, oslobodila Vranovac.

Pa ipak, taj prolaz niko nije zvao ULICA XXII DIVIZJE, nego – *Čvakinovo sokače.*

Dok se sve to dešavalo, mi smo, jedan po jedan, završavali studije. Ženili smo se i vraćali u svoje mesto rođenja da tu živimo, i da u njemu dočekamo starost i smrt. Naše žene su se neosetno gojile i rađale nam decu. Nedeljom, oko podne, ako bi dan bio lep, poveli bismo sinove i kćeri na Zmijanac. Šetali bismo po čistom vazduhu, a ljudi bi nas pozdravljali. Gore, na visoravni, u letnjoj bašti bivše Partijske škole, popili bismo po flašu vranovačkog piva i popričali o svemu i svačemu. Prisećali smo se davnih dana. Katkad i Čvakina i Slavice.

»Je li, bogamu, pa šta je s njima?« upitao nas je jednom prilikom inž. Mladen Sibinović, naš školski drug, sada Generalni direktor rudnika Vrbovača.

Pogledali smo ga. I tada smo sa zaprepašćenjem shvatili da mu je kosa oko ušiju seda. Bio je utegnut u čistu košulju sa šarenom kravatom, a na gojaznom telu uredno ispeglano odelo stajalo je, zakopčano, kao na krojačkoj lutki.

NEUOBIČAJENI PREPLETI NA OPANKU MATILDE GOJKOVIĆ

Portir me nije ni pogledao.
»Za-i-a-nje?« upita zevajući.
Bilo je blizu jedan.
»Novinar,« rekoh.
»Soba je otključana«, promrmljao je okrećući mi leđa.

Sobu sam pronašao na dnu hodnika, pored klozeta.

Klozet je, začudo, bio čist. Dok sam mokrio, kratak grč mi je iznenada zgužvao obraze. Čitavo poslepodne drmusao sam se izanđalim autobusom, a put je bio strm, neravan, pun rupa. Štrecnulo me je još u Negotinu. Pogledao sam u mlaz: žut, malo zamućen. Nisam smeo da pijem. Večeras pogotovu. Kao što sam i pretpostavljao, jezik mi je bio prekriven belom skramom. U ustima sam osećao suv, naljut ukus, kao posle neumerenog pušenja.

Moja postelja nalazila se kraj prozora. Tiho sam zaključao vrata i svukao se. Nisam palio svetlost.

Čovek u dnu sobe ležao je nepomično. Nisam bio siguran da li spava ili se samo pritajio. Zavukao sam novčanik pod uzglavlje, za svaki slučaj. Cigarete i upaljač položio sam na noćni stočić.

Te noći nikako nisam mogao da zaspim. Okretao sam se s leve strane na desnu, šarajući pogledom po zidovima. Prozor je bio otvoren; čulo se kreketanje žaba. Upalio sam cigaretu i ruku spustio niz krevetsku ivicu, do poda. Drugu sam podvukao pod glavu. Pri svakom pokretu madrac bi škripnuo. Prestao sam da se tumbam, ali mi se činilo da me, dok mirujem, bubreg boli još jače.

Zbog bubrega sam prodao *lambretu.* Isuviše je tresla; posle svake vožnje kamen bi se pomerio. Morao sam da krsta grejem termoforom. A kola još nisam kupio. Mnoge sam pitao koja da uzmem, ali je svako imao drukčije mišljenje. Savetovao sam se čak i s Matildom.
»Ili avionom, ili pešice!« kazala je. Posle o tome nije htela da govori.
Za šest meseci našeg zajedničkog života nijednom nije sela na *lambretu.* To me je činilo nesrećnim.
Onda.
A sada, kad se tog setim, izgledam sâm sebi smešan.

Povukao sam dim.

»Imaš nitkovsko lice«, rekla je onog sudbonosnog jutra dok sam se brijao. Spazio sam je u ogledalu, istog trena kad i krv pokraj uha; nisam osetio kad sam se posekao. Stajala je na pragu i lagano navlačila grudnjak. Rekla mi je to i udaljila se. Na Sajmištu se održavala proba međunarodne modne revije.
Spakovao sam stvari i iščezao iz Matildinog života.
»Kao dim...«
Otada je prošlo devet meseci.

Pepeo s cigarete pade na tepih.

Sve je to ispalo jednostavno, kao što je i počelo. Ali zašto mi je Matilda *to* kazala, pitao sam se. (Da li je saznala za bibliotekarku? Je li moguće da je ljubomorna?) Rekla je iznenadno, bez uvijanja, pravo u lice, kao i prvi put, kad je uletela u redakciju *Panorame* i skresala, pred svima, da mi je tekst, posvećen novoj generaciji modnih kreatora, diletantski. Još uvek mi se pred očima leluja svetla, jednostavna suknja, pripijena uz bedra, ta bela, onespokojavajuća mrlja što je ubrzo zamakla u hodnik.

Kada su se pribrale, kolege su se bacile na mene kao psi na zeca.

Nisam se opirao.

Bio sam zbunjen: u članku sam hvalio baš njene modele.

U uglu, u mraku, nepoznati se okrete i ponovo smiri.

Ko je taj čovek?

Piljeći u sklupčano telo, pokušavao sam da mu zamislim lice, zanimanje, život.

Sedam godina radim kao reporter u *Panorami*, sedam godina putujem po gradovima i palankama sučeljavajući se s različitim životnim činjenicama. »Mene ništa više ne može da iznenadi«, govorio bih Matildi po povratku sa nekog od mnogobrojnih putovanja. Bio sam zadovoljan što ću dobrim zalogajem utoliti njenu radoznalost. Pa ipak, sva ta ubistva, političke smicalice, rodoskrvnuća, primitivni abortusi, ludila i zverske nastranosti balkanske provincije iznenadile bi, izgleda, najviše – mene. Bacao sam se na pisaću mašinu u želji da i sebi i budućim čitaocima razjasnim pozadinu događaja. Zbog toga nisam nikada uspeo da se probijem u prvu garnituru reportera *Panorame*.

»Dajte nam događaje, a ne komentare«,

govorio je *bos.* »Čitalac ne voli da misli, on hoće da se zgraža. Shvati to već jednom, Tošiću!«

Ispadalo je da sam glup. Mislim da je i Matilda negde duboko u sebi mislila slično. Jedino me je Gordana bodrila bez ikakvih rezervi. »Ti imaš faan-tazijuuu«, prela je zadovoljno, kao mačka dok sam joj prepričavao ideju za članak sa seoskog vašara.

Samo što smo se bili vratili iz Zjapine. Odvela me je u svoj stan da smirim bubrege. Drhtala je nada mnom, grejala crepove i kašičicom mi sipala čaj u usta. Čak je i *lambretu* ugurala u šupu iza zgrade.

Da li je maštala o ponovnoj udaji?

Upoznao sam je u opštinskoj knjižnici.

U Vranovac sam dospeo prvi put prošle godine, zbog samoubistva profesora fizike Dragoslava Koraća.

Bilo je to u vreme studentskih nemira u junu 1968.

Profesor Korać, čovek od znanja i ugleda, najednom se zaljubio u svoju učenicu. Zvala se Bojana Đenđeši, unuka čuvenog industrijalca Đenđešija, nekadašnjeg vlasnika vranovačke trikotaže *Zlatna nit*. Devojčica od petnaestak godina, dugačke i mekane kose, sjala je nekom čudnom prozračnom lepotom; više je ličila na anđele s Botičelijevskih slika nego na ovozemaljsko biće. Jedne večeri profesor je, na prašnjavom tepihu svog fizičkog kabineta, stupio sa učenicom u takozvani »polni odnos«; sat kasnije obesio se u školskom nužniku.

U oproštajnom pismu profesor je istražnim organima SUP-a Vranovac saopštio svoje *užasno* otkriće: Bojana Đenđeši, učenica I razreda gimnazije, *nije bila nevina.*

2. juna našao sam se kraj podvožnjaka noseći u rukama fotografski aparat. Trebalo je da Matildi snimim na Novom Beogradu neke fotose: zanosila se mišlju da njene modele, namenjene selu – prikazuju seljanke; one za stjuardese – stjuardese; a za studente – sami studenti. (Profesionalne manekene je koristila jedino za takozvanu visoku modu.)

Dakle, trebalo je da fotografišem studentkinje u kostimima od žerseja. Ali, igrom slučaja, ja sam umesto nafrakanih lutkica snimio demonstracije. I pregovore studentskih vođa s političarima u travi pokraj druma.

I juriš milicije.

I tuču, paniku, gaženje ranjenih studentkinja.

I eksplozije bombi sa suzavcem.

I spaljivanje transparenata.

Pod utiskom onoga što sam video – a video sam *sve* – u redakciji sam izdiktirao svoju najbolju reportažu, i pojurio uredniku mašući snimcima kao zastavom.

»Mi se u to nećemo mešati«, rekao je *bos,* a zatim me poslao na put. Tražio je članak o samoubistvu provincijskog profesora fizike koji se zaljubio u svoju učenicu.

U Vranovačkoj knjižnici nije bilo nikoga.

»Gordana Korać?« obratio sam se oniskoj, skromno obučenoj ženi finih crta.

»Šta želite?«

Bila je u crnini.

»Hteo bih da saznam nešto o životu vašeg pokojnog muža...«

Okrenula se prozoru. Tamo, usred tesnog dvorišta, treperele su topolove liske.

Pogledao sam je. To sam učinio rutinski, iz navike. Bila je skladno građena, jedino je noge imala maljave i malo krive. Ramena su joj u tom trenutku izgledala isuviše povijena.

Video sam da sam je povredio.

Pokušao sam da objasnim zašto me sve to zanima.

»Znate, meni je teško *o tome* da govorim, pogotovu ovde...« Pocrvenela je i još više se zgrbila.

Predložio sam da se nađemo na drugom mestu; da, recimo, odemo na crkveni vašar u selo Zjapinu. Obećao sam joj potpunu diskreciju i osmehnuo se.

Po pomirljivom smešku, koji je ubrzo preleteo preko njenog širokog lica, naslutio sam (ponovo, i ponovo, i po ko zna koji put) da sam »ostavio utisak«.

»Tvoj zarazni osmeh. I jareće oči...«

Prvih dana, i prvih noći, Matilda je govorila kao u zanosu. Ali, sve je to bilo sračunato. Možda zato što je osećala koliko me njen oprez čini nesrećnim.

Oprez – od čega?
Od trudnoće?
Od dodira?
Od muškaraca... *uopšte?*
Oprez, ili strah... Nikada nisam odgonetnuo.

Kada mi je pokazala opanak sa neobičnim prepletom tankih-tankih kaišića, i kada sam ostao kod nje, u svetloj, ekstravagantno opremljenoj garsonjeri, noćni balet je tekao po utvrđenom redu.

Pitala me je da li sam se sapunao.

»Naravno«, odgovarao sam grleći je nestrpljivo. Bolje rečeno, grleći njeno savršeno građeno *telo*. Iz kupatila je još uvek grgotala voda, otičući.

»Molim te, vodi računa«, mrmljala je primajući me nepomično, trezna, zatvorenih očiju.

Prvi put (bilo je posle podne, žute svetlosne pruge slivale su se niz tapete do svilenkastog pramenja Matildine kose), trgao sam se isuviše snažno i svu sluz izručio joj na stomak, oko pupka.

Gadljivo se izvukla iz zagrljaja. Otrčala je u kupatilo – da sa kože spere drhtavu slinu.

Docnije smo sve to radili u mraku. Kad bi čaršav poda mnom postao mokar, ona bi se prevalila na drugu stranu i okrenula leđa.

Strepeo sam da je nezadovoljena.

Bez obzira na to da li je o mojim reportažama govorila olako, ili zabrinuto, primedbe su joj bile nepogrešive. Katkad se ponašala kao trener koji veruje u obdarenost svog pulena. Katkad kao kritičar kojeg razdražuju žvrljotine običnog skribomana.

»Imaš nitkovsko lice«, rekla je iznenada...

Bilo je prošlo tačno šest meseci od našeg viđenja u Etnografskom muzeju.

»Šta je, druškane?«

Sve čipke mog bdenja behu pokidane: čovek je bio budan. »Ne spavaš?«

»Ne«, odgovorio sam.

»Sviće«, reče sagovornik.

Iznad krovova je prosijavalo bledo, sumorno jutro.

»Jesi li odavde?« upitao me je, glas mu je bio napukao, šušketav.

Nije mi se pričalo, ali odgovorio sam.

»Pa šta radiš ovde, druškane?« reče on ne napuštajući želju za razgovorom.

I to mu rekoh.

»Aha. Opanak, veliš... Neka čudna šara... Aha...«

U potrazi za »rubrikom« obreo sam se sred zagušljivih skladišta Etnografskog muzeja: palo mi je na pamet da napišem članak o poslednjim danima narodne nošnje i narodnih običaja. Ali, u polumračnim i buđavim podrumima, izgubljen između ćupova i sanduka, između brda ćilimova i beskrajnih nizova prašnjavih gunjeva i sukanja, ja sam sve više odustajao od svoje namere. Beše mi teško da se snađem; činilo mi se da u stvari ne znam šta hoću i da gubim vreme.

Tako sam naleteo na Matildu.

»Otkud vi?« upitala me je kao da smo se juče rastali.

Upiljio sam se u nju, u njeno glatko, duguljasto lice i modre oči, iskošene i pomaknute ustranu. Upitao sam je zašto me je napala, onda u redakciji, kada sam o njoj pisao najbolje.

»Zato što pišete rđavo. Kao o spanaću ili krastavcima. Shvatite već jedanput: ono što mi radimo nije roba s Kalenićeve pijace! Naša odeća, to je živa bašta na beogradskim trotoarima, dragi gospodine; zapišite to ako vam je baš stalo.«

Rekoh joj da se iz sličnih razloga nalazim u Muzeju; zamolio sam je da mi pomogne.

»Što se čudite? Valjda i ja mogu da mućnem glavom.« Ocerio sam se, siguran da osmeh, od kojeg se moje snažno, »sportsko« lice najedanput preobrazi u lice dečaka, ne može da omane.

Njoj zadrhtaše nozdrve. Okrenula se i kao muzejski čičerone počela da priča o onome što me je zanimalo. Tako smo došli i do opanka sa čudnim prepletima.

»Znate, samo ja imam taj jedinstveni primerak«, rekla je ponosito. I tada se setila nečega što joj je dalo novu energiju. »Slušajte vi«, reče, »pa vi nećete naći bolji materijal za reportažu od tih opanaka! Pronađite gde su izrađeni, ko ih je napravio, i, eto, članak je tu!«

Bila je zadovoljna što može da bude od koristi; što može da *usmerava.*

»Hajdemo. Pokazaću vam ih.«

Sutradan sam se uselio...

Na predlog da krenem na put, u potragu za tvorcem tog opanka, *bos* je prezrivo odmahnuo rukom.

Bilo je to pre godinu i po dana. U međuvremenu zemlju su potresli studentski nemiri, ja sam napisao članak o nesrećnom profesoru Koraću, Amerikanci su se iskrcali na Mesec, privredna reforma je privedena kraju, napustio sam Matildu i prodao *lambretu,* streljan je terorista Jelić a uhvaćen Hrkač, pušteno je u pogon nekoliko železara, revalvirana je marka, umro je Ho Ši Min, lansirani *Konkord* i *Boing 747,* održan sajam seksa u Kopenhagenu, i, između ostalog, štampana Velika Evropska Etnografska Enciklopedija na nemačkom i francuskom, na čijoj je 466. strani objavljen snimak u boji i potpis: *Jedinstveni primerak opančarske veštine iz Istočne Srbije (Jugoslavija); rad nepoznatog umetnika.* (Vlasništvo Matilde Gojković.)

»Čuj, bre, Tošiću, kako bi bilo da procunjaš malo po selima; pogledaj, postoji valjda negde taj opančar, majku mu«, rekao mi je prekjuče *bos.* »To bi bila senzacija! A? Nešto kao novi Generalić!«

»A ja lutam po ovoj Srbiji, tražim poso«, uzdahnu nepoznati. »Prevarili su me, druškane. Krvavo prevarili...«

Pomislio sam: evo, dokopao se žrtve. Pocepaće me kao svinjče masnu krpu.

Ulicom, ispod hotela, zatandrkaše kola. Poneki kamion, poneki korak – seljaci pristižu na pijacu. Novine dolaze jutarnjim vozom, negde oko osam. Kuda bih?

Ćutao sam. Tako sam mu stavljao do znanja da me njegova ispovest ne zanima.

Tokom ovih mojih lutanja isuviše mi je unesrećenih ispovedalo svoju muku. Nadali su se da će, možda, njihov slučaj dospeti u novine i tako im olakšati položaj. Uostalom, zar se nije desilo da *Politika* ili *Novosti* zapale epidemiju milosrđa oko neke devojčice što sâma, bez roditelja, neguje osmoro braće? Ili oko porodice nekog nastradalog železničara?

Nepoznati sede, obujmi kolena i zagleda mi se u lice. (»Lice nitkova«.)

Sada sam ga prvi put video. Bolje rečeno: nazirao sam ga u zamućenoj svetlosti. Imao je čvrstu bradu, sitne sive oči i oštru kosu nad čelom koje ne odlikuje velika pamet.

»Znaš li, prijatelju, u kolko otvara Opština?« upita.

»Valjda u sedam«, rekoh.

On zaklima glavom i zamisli se. Tako je neko vreme mirovao, a onda polako i s naporom isturio noge i spustio ih na pod. Primetio sam da su mu gležnjevi otečeni i da jedva stoji. Gledajući ga kako kleca kao osakaćeno pile, nisam mogao da se uzdržim; i sâm sam znao šta je bol.

Upitah ga šta mu je s nogama.

»Eh«, uzdahnu. Naže se nad umivaonik i umi. »Od rata, druškane. Od akcija. Od zasjeda, od terena. A sad, nogu u dupe!«

Kad to reče, on iskrete glavu i osmehnu se kao da se izvinjava. »Kažu: ti ćeš, Bogiću, postati neprijatelj; šta sve ti ne pričaš! Ne priliči ti to,

čovječe, bio si naš... Tako oni meni: bio! Otpisali me, druže...«
I ispriča svoju istoriju.

U Negotinu su mi kazali da nijedan od njih, niti njihovi očevi, niti majstori kod kojih su izučili zanat, takav opanak nije napravio. Pomenuli su Vranovac i Zjapinu.

Bubreg me je već tištao, bilo mi je teško da nastavim put. Pa ipak, pomislio sam na Gordanu Korać. Gledajući u svoj obris, odslikan u autobuskom prozoru, u obris svog uzanog i, kako kažu, *šarmantnog* lica, u zelene, već pomalo umorne oči optočene podočnjacima i u bičeve prosede kose što padaju na čelo »kao u dirigenta«, sa zadovoljstvom sam zamišljao njene male, kao rupica okrugle usne i rumenilo što će joj se preko širokih jagodica zavući čak pod naočare.

Godinu dana se nismo videli.

Pretpostavljao sam da će biti iznenađena.

Zvonio sam.

Iz stana su se čuli žagor mnogih glasova, smeh, brzi koraci – zvuci neuobičajeni za Gordanu i njen dom. Pomislio sam da odem; možda više ne stanuje na istom mestu. Moglo je u međuvremenu da se dogodi da se odselila, udala, otišla, ko zna kud?

Oklevao sam. Napolju je pljuštala kratka, žestoka kiša; jedva sam je izbegao trčeći sa autobuske stanice. Zazvonio sam još jednom.

I, tada se pojavila.

Iza njenih leđa nekoliko je ljudi zastalo usred veselih pokreta, sa čašama u rukama ili obilatim zalogajima između zuba, i gledalo me.

»O, ti si«, rekla je hladno. Zbog odseva u ispupčenjima njenih naočara nisam mogao da joj ulovim pogled. »Uđi.«

Bilo ih je četvoro: tri muškarca i jedna devojka.

Izvesno vreme držali su se ukočeno, ali ja sam odmah počeo da pričam. Rekao sam gde sam sve bio. Sâm razlog ovog putovanja nije ih zanimao: po oštroj kosi, brkovima i nepravilnim, ćoškastim, opaljenim licima videlo se da su seljački sinovi; sudbina Matildinog opanka nije mogla da ih se tiče. Ali sve drugo, sve šarene laže kojima sam ih zasuo, gutali su kao deca.

Jedan od njih, inženjer u klanici, glomazan, nespretan i pripit, poče da me davi pričom o rđavim putevima zbog kojih im je otežan izvoz mesa. »Hladnjače, recimo, kako da dođu ovamo? Preko rupčaga i krivina?«

Saglasio sam se. Rekoh da sam i sâm, na svojim bubrezima, osetio draži njihovih puteva. Uzgred sam bacio pogled ka Gordani: ostala je ravnodušna.

Koji li je od ove trojice – njen? Osetio sam u ustima gorak ukus: bilo mi je jasno da Gordani više ne značim ništa.

Pili smo. Galama se stišala tek kada sam upalio televizor. Ali, ubrzo, svi su zaboravili na dnevnik. Tako nisam uspeo da čujem zbog čega su napali profesore filozofije sa Beogradskog univerziteta.

Devojka uključi gramofon; počeše da igraju.

Igrao sam i ja, ali osećaj potištenosti nije me napuštao. Devojka – bila je službenik u banci, provincijska guska što sanjari o »pravom životu« – pripi se uza me raspitujući se kako se postaje *miss Yugoslavie*. Igrao sam i sa Gordanom. Upitao sam je kakvo je to slavlje. Reče da joj je rođendan. »O!« začudio sam se i ućutao; zaista, to sam mogao da upamtim.

Negde oko ponoći zadržavali su me da ostanem još malo, ali sam im rekao da moram da se

odmorim: sutradan izjutra nastavljam traganje za opankom.
»Kuda ćete?« upita jedan od prisutnih.
»U Zjapinu«, odgovorio sam.
»O, pa i mi idemo tamo, na izlet!« uskliknu bankarska službenica. »Pođite sa nama!«
Gordana ne reče ni *da* ni *ne*.

»Tako ti je to, druškane: daš sve od sebe, ostariš, bez žene i djece, bez kuće i kučeta, a na kraju – šupalj nos do očiju!«
Svukao je staru, ispranu pidžamu i ja na njegovim leđima ugledah četiri ružna ožiljka od mitraljeskog rafala. Pružio mi je svesku ukoričenu u platno. Ta sveska, sačinjena od požutelih dokumenata, potvrda i priznanja išaranih potpisima i pečatima sa srpom i čekićem, i S. F.–S. N!, i petokrakim zvezdama izrezanim od linoleuma, predstavljala je njegov život. Zaglavlja su glasila: komitet taj i taj, agitprop, Ozna ta i ta, Udba ta i ta, omladinska akcija, vojna bolnica, front, skojevski aktiv taj i taj iz tog i tog mesta, neki kongres NOJ, neka nekada veoma važna proslava ili jubilarni skup društvenih i partijskih tela.
Obukao se, očešljao, svesku ponovo spakovao u putnu torbu i oprostio se. Na trgu, ispred hotela, pokazao sam mu kojom će ulicom najbrže stići do Odbora, na sastanak sa potpredsednikom.

Pod Zjapinu smo stigli brzo. Inženjer je svom snagom vozio službeni automobil zasipajući prašinom stada, kolone volovskih kola i seljake u gunjevima što su se sa planina slivali u varoš. Selo, nataknuto na kameni kutnjak, propinjalo se iznad nekog mlina.
Zaustavili smo se u hladu, kraj vira.
Na putu do samog sela pratila me je jedino

bankarska službenica. Želela je to, uporno, i nikakvo odvraćanje nije pomoglo. Lupetala je uz put koješta i istrčavala mi pred noge da bih joj, valjda, osmotrio stražnjicu.

Selo je bilo pusto. Krezuba starica, prvi živi stvor na kojeg smo naišli, stajala je u hladu, oslonjena o bagrem; kaza gde je opančareva kuća.

Našli smo je, ali u njoj nije bilo nikog.

Pitao sam suseda gde je domaćin; reče da je otputovao u Sloveniju, da obiđe unuka-regruta.

Sunce je pržilo. Okolo, kraj plota, kokoške su čeprljale balegu.

Raspitah se da li se u selu još kogod bavi tim zanatom, mada mi se, pod pripekom, i sred tišine, protkane zrikom popaca, najednom sve učinilo besmislenim.

Seljak žmirnu i iskresi crni zub.

»Ja sam taj«, reče.

Pokazah mu fotografiju.

Gledao ju je dugo pre nego što je zavrteo glavom.

»Ovo nije naš posao«, reče. »Pogle oko Žagubicu, ili Požarevac. Mož biti odatlen je.«

Kada smo se vratili, ručak je bio spreman: vruća proja iz mlina, sir, paradajz, ladna rakija. Inženjer, sav znojav, dovuče odnekud lubenicu, ali je niko ne okusi. Prezasićeni, rasuše se niz reku.

»Nešto ste zabrinuti?« zacvrkuta službenica i sede pored mene. Odupre se, kao slučajno, o moje rame.

Gordana prostre ćebe u hlad i poče da čita.

»Ne, samo sam umoran. Cele noći nisam oka sklopio.« I rekoh da još uvek ne mogu da zaboravim poznanika iz hotela.

Najednom dok sam zagledao žbunje i proplanke pokraj reke, počeh da prepričavam njegovu ispovest, ali osetih da im više nisam zanimljiv.

Planinski vazduh isuviše je bio čist, uspavljujući, a mir potpun. Čule su se ptice, čuo se žubor reke, poneka vesela reč iz daljine: poznanici su pecali pastrmke. Bankarska službenica je dremuckajući gladila bedra i katkad me pogledala ispod sanjivih kapaka. Očekivao sam da će bar Gordana slušati moju priču (kao nekad), i možda me upozoriti da dignem ruke od opanaka. Da će mi reći da je pametnije napisati članak o sudbini jednog od naših mnogobrojnih komunističkih apostola.

Ali, prevario sam se. Samo je Matilda imala sluha za tako nešto.

Samo ona.

Autobus je bio pun, prljav. Po podu, duž prolaza između sedišta, kotrljale su se šljive. Smrdelo je na surutku.

Pred sam polazak kupio sam *Evu i Adama,* časopis za seksualna pitanja, i sada ga, evo, listam. Katkad pogledam i u predele s one strane stakla: lagano ih zasipa veče. Autobus je rašrafljen, zarđao, poderanih sedišta; trešti i urla, suljajući se niz okuke u susret noći.

Na središnim stranicama odštampan je ISTOČNJAČKI HOROSKOP. Tražim 1936. godinu (to je godina mog rođenja); čitam;

VI STE PACOV

Pacov je šarmantan. Na prvi pogled izgleda miran, uravnotežen i veseo. Ne zavaravajte se! Iza toga se krije stalni unutrašnji pokret. Pacov stalno dovodi do zabune, u sitnicama je tvrdo-

glav. Voli društvo žena i uživa u svakoj vrsti ogovaranja.
Pacov ima mnogo fantazije. Pacov je, doduše, malograđanin, ali pošten. Kroz život se probija radije lukavošću nego radom. Sentimentalan je i prema ljudima koje voli može da bude izuzetno velikodušan. U ljubavi je pacov u svom elementu...
Tačno je. Malo ulepšano, ali tačno. (Ovaj dan, što je ostao iza mene, otrovao me je gorčinom i teškom mukom.)
Ko sam ja? – pitam se. Imam li ja, kao čovek, bilo kakvih vrednosti? Jesam li odlučan? Jesam li spreman da uđem u rizik? Odjednom, bez razmišljanja?
Ne.
Jesam li sposoban da barem jedanput u životu nešto *sâm* učinim?
Verovatno ni to.
ZVERI ŽIVE SAME, A PTICE U PAROVIMA – pročitao sam negde i upamtio. Ja sam ptica, potreban mi je životni drug...

Pacov se najbolje razume sa aždajom.
Poznate ličnosti rođene u znaku pacova su Šekspir, Tolstoj, Danijel Defo, Mocart, Marlon Brando, Moris Ševalije, Adenauer, Mata Hari...

AŽDAJA!... Pa to je Matilda. (Rođena 1940.)
O njoj je pisalo sledeće:
Aždaja se penuša od zdravlja i energije. Ona je veoma otvorena, nikad sitničava, mrzi ogovaranja i nema ni najmanje diplomatske veštine. Njena težnja za savršenstvom prisiljava je da sebe i svoje saradnike stavlja pred visoke zahteve. Veoma je tvrdoglava i često kaže nešto o čemu nije razmišljala. Ipak, njeno mišljenje može da se prihvati, jer ona za sve i svakog ima dobar savet.

Aždaja je inteligentna, svojeglava, istrajna i velikodušna. I veoma gorda. Što se tiče ljubavi, ljudi je vole, ali ona voli retko. Zato ne zna za ljubavne jade, ali drugi očajavaju zbog nje...

Da, znao sam to. Od onog dana kada je banula u redakciju, lepa, gorda, i po prirodi *korisna*. (Velikodušna – piše.)

Čim stignem javiću joj se telefonom. Pročitaću joj šta je ovde napisano. Smiren (osećam celim bićem: sudbina spaja ljude, sudbina, a ne njihova volja), zabacio sam glavu i slepoočnicom se oslonio o prozor. Napolju su, poput gavranova, skakutale krošnje nekog drveća. U daljini se naziralo neko groblje; mislim da ga ovde zovu *Cigansko*... Zatvorio sam oči. Po ko zna koji put prizivao sam u sećanje lelujanje svetle, jednostavne suknje pripijene uz duga bedra, te bele, treperave mrlje...

Aždaja se dobro podnosi sa pacovom – pisalo je.

Da, to je ONA, kliktalo je moje srce. Međutim HOROSKOP nisam stigao da pročitam do kraja.

Seljanka, koja je sedela pored mene, najednom riknu, iskolači kao davljenik beonjače i drhteći celim telom skandža se o prozor.

Ali ne stiže da ga otvori.

Okačena o niklovane kuke, i presamićena kao da ju je neko udario u stomak, žena preblede i svu sadržinu pretovarenog želuca povrati meni u krilo, pravo na HOROSKOP.

»Izvini, gospodine, molim te«, reče malo kasnije, kada se smirila. »I nemo da se ljutiš. Fala bogu, nije na čakšire...«

Dlanovima – prvo jednim, a posle i drugim – obrisa bale sa usana, pa se osmehnu kao da se ništa nije dogodilo.

FARMA ZA FAZANE

Ja jes da sam crkvenjak i jes da mi poso u današnje vreme nije na ceni, ali – mnogo sam društven čovek. Svi me znaju i niko me ne izbegava, pa tako i ja znam – sve. Zato i oću da vam ispričam ono što je posle rata potreslo Vranovac. Slušajte.

1

Pre neku godinu, jednog lepog aprilskog dana, oficir Lazović nije došao na dužnost. U kasarni na to behu svikli: često je kapetan Laza (tako su ga zvali) useravo motku; zbog kapljice i dobrog društva, još češće zbog šarenih sukanja. »Pa valjda i sad«, tako su pomislili u ponedeljak, zavidljivo mu kroza zube skresali mater i krenuli da muštraju remce. Ali kapetan se nije pojavio ni u utorak, pa ni u sredu, a subotu je garnizon dočekao baš uzbunjen: niko – ni drugovi, ni udaljena rodbina, ni verenica u čijoj je kući živeo – nije umeo da kaže gde je. Jednostavno, čoveka više nije bilo.

»A Selimir Lazović, kapetan pogranične službe, bio je, razumeš ti mene, omiljena ličnost«, pričao je lično moj šura, vodnik inače. »Vetrogonja je bio, nema tu šta, pijanica da mu ravna nema, ženskaroš, ali vojni starešina – tip, top!«

Nestanak kapetana Lazovića uzburkao je Vranovac od vrha do dna (što će reći od komandanta garnizona i predsednika opštine, pa do kelnera i grobara, u čijem je društvu dočekivao jutarnje sate). Bio je, što se kaže, čovek naočit: lep, grub, rošav i jak kao bik; nije bio cenjen, to ne, ali bio je omiljen. Istina, pio je mlogo, i svašta, i gde god stigne (osim na dužnosti), jurio je seljanke po kukuruzima kad se vrćaju s pijace, preturao bolničarke i štrikerke iz trikotaže, pa i piljarice, a bogme i po koju učiteljku, a katkad i učenice, uglavnom iz Srednje medicinske. Smeškao se ispod brka, pevao divno, mekanim glasom, pevuckao je uvek kad se napije, tužno je pevao, i osećajno, ali se u vojsci snalazio kao riba u vodi, svaka mu čast. Granični pojas držao je čvrsto, i stizao prvi na vežbe i manevre, bilo da je kiša, žega, ili sneg. Prosto je hrlio u nevreme, kao da se lepi za rizik i opasnost; zato su ga i voleli. Zbog te želje da srljne prvi (»Za primer«, govorili su oni što su mu bili slični, ali ne tako duševni; »Za efekat i demagogiju!«, frčali su drugi, oni što su cenili kuću, red i zavetrinu) umalo se nije utopio u Timoku prošle zime kada je poleteo da spasava neke čobančiće i njihove ovce. Jer on, znate, nije umeo da pliva. Bio je stoposto Srbin; malo je zaudarao i na kragni imao masan obruč. »Slađe mi je, burazeri, da se banjam iznutra nego spolja. Ko se kvasi, taj i zebe, a ko zebe – taj najebe. A ja, jok!« – riknuo bi kapetan Laza pa strmeknuo duplu. »Ali je, brate, voleo ljude«, ponavljao je moj šura, vodnik inače, »voleo je društvo što se kaže, bio drugarčina. A eto – nestade. I to ne može da se zaboravi...«

2

Ali zaborav je kao rđa: razjede te, a i ne znaš kada. Malo-pomalo, i ti misliš na druge stvari, sećanje napušća ono što se nekada zbilo i pogled ti se okrene na život koji nadolazi. A vreme, ono koje je bilo, sve ti više gleda u leđa, niz dana, sve duži i sve teži, rastače ti uspomene, i ljudi, koje si koliko do juče sretao svaki dan, blede, hteo ti, ne hteo; iščile kao moleraj na kući u kojoj stanuješ, ali poodavno.

Tako beše i sa kapetan Lazom.

Istina, pominjali ga, sećali ga se. Verenica čak obuče i crninu. Komšinice se podsmehnuše: »Ni za tetka-Penom nije toliko tugovala, prefakuta, a kapetan joj je, švalerčina, živ. Zdimio badža, pobego pod drugu suknju – mala li je Jugoslavija? A ona ga sarani, bože me prosti, ko da je umro načisto.«

Mrtav ili živ, tek njega nije bilo. Još neko vreme uzdisale su šljokare u *Dardanelima* i prisećale se kapetanove pesme, ali u kasarni su ga sve ređe pominjali. Na Lazovićevo mesto dođe novi oficir, po imenu Čupić; bio je to mlad akademac, školovan, fin, uspravan i tanak, izbrijan i rumen, kao doktor. Govorio je »dapače« iako ga je majka rodila negde kraj Vranja; sa svima – i sa pretpostavljenima i sa potčinjenima – bio je na *vi*. U slobodno vreme seo bi u svoj *moskvič* (tada je jedini on, pored komandanta garnizona, imao auto) i odvezao se kući, na ručak. A zatim bi krenuo da šeta sa ženom i sa psom: nisu imali dece.

Bivši advokat Trandafilović (u njegovoj vili su stanovali), prvi put od rata se pohvalno izrazio o nekome ko »čuva režim za gegule i golanfere«: – »Svaka čast!« Dahtao je Trandafilović, roptao i krkljao od sipnje, okružen ispisnicima, a oni su kao mačori čučali po klupama ispod spomenika na balkanski rat. »Ovaj, brate, liči na one prave: fali mu još sablja, pa pljunuti Aca *Uštipak!* Sećate se Ace, kapetana korvete Kraljevske mornarice, za njega se udala jedinica gospon Zdravka, šefa carinarnice, a?...« Poćutao bi pa nastavio, iskrivljen od novog napada astme, a onda bi isceren, kao da se plaši priznanja, pohitao da ukalja Čupića i da ga obezvredi. »Još da ga vidim da gospojicama ljubi ruke, pa da umrem! Da... Izgleda, prijatelji, nešto se i kod *njih* menja...«

3

A menjalo se; vala baš! Život se menjao. Pre svega, mogao si da ideš u crkvu. A onda, počelo je i da se zida. Prvo nov Komitet (u stari su uselili Radnički univerzitet i *Timočki glasnik*), a do Komiteta – hotel. Posle – šta ti sve još nije? Samoposlugu *Univerzal,* robnu kuću *Naš dom,* stanove za oficire, bankarske činovnike i službenike Sreza i Komune, pa veterinarsku stanicu, pa novu trikotažu, pa vinski podrum, pa fabriku porculana, pa modernu autobusku stanicu, pa nove klozete na pijaci, pa još jednu banku, a o kućama za stanovanje, raznim radnjama, prodavnicama i kancelarijama i da ne pričam. Izvalili kaldrmu i posekli drveće blizu mosta – tamo su napravili benzinsku pumpu; obzidali zatvor, srušili stari bioskop i pola Pašićeve, zasadili veliki park, preko puta železničke stanice sazidali bolnicu, a posle je, zbog dima, vratili natrag, pod Zmijanac, a u prvu zgradu, onu kod stanice, uselili socijalno; asfaltirali put za Zlodol, uveli vodovod (još uvek se kvari; od pritiska pucaju cevi – da prođe jevtinije Opština nabavila uže i slabije, od tanjeg liva), pa ponovo prekopali ulice, za kanalizaciju (sada su položili cevi dva puta šire nego što treba; kažu; »Neka, ne mari, brzo se razvijamo, uskoro će i one da postanu tesne!«), posle kopali još jednom, za telefon. Starog predsednika, prvoborca, smenio doktor Sredojević; druga Branka postaviše za direktora *Budućnosti* (to jest, fabrike nameštaja). Zašto? Zato što je drug Branko pre rata bio kolar. A kada je fabrika likvidirana, što se kaže, Branko ode za načelnika prosvete u Srez. Dr Sredojević za svoje vladavine poploča po Zmijancu staze i kraj staza pobode klupe (od betona, da traju, i da mangupi u naslone ne urezuju bezobrazluke), a onda od Partijske škole napravi letovalište. Ubrzo ga svrgoše i postaviše za upravnika bolnice. Posle za presednika opštine unaprediše potpresednika, privremeno, do novih izbora, a onda na tu dužnost dovedoše partijskog čoveka iz Beograda. Drug Dejan (tako se zvao), sa *šafhauzenom* na desnoj ruci, i diplomom Visoke političke u džepu, smesta je letovalište na Zmijancu ponovo pretvorio u Partijsku, ali, zbog malo učenika (već tada su svi hrlili u srednjotehničku, ekonomsku ili veterinarsku školu; selci nisu ni pet para davali na politiku), Partijska je opet ukinuta, i to zauvek, a zgrada preuređena u hotel: u Vranovac, usled rudnika antracita i fabrike porculana, s jedne strane, i rimskih iskopina na Bezdetu, kraj Zjapine, sa druge strane, dolazilo je sve više stranaca, pa je naš prvi hotel, onaj u gradu, u centru, do Komiteta, naglo otešnjao.

Promene, svuda i na svakome mestu, zavatiše i vojsku. Prvo je skraćen vojni rok, a onda *tomsoni* (uvedeni u pogranične jedinice za vreme IB) zamenjeni domaćim mašinkama, a podoficirima uniforme dopunjene sivkastom, jednobojnom kravatom. Onda je penzionisan potpukovnik Tresigaća, prvoborac, i za novog komandanta postavljen kapetan Čupić. (U to vreme unarediše ga u višeg oficira: položi ispit i dobi majorski čin.)

Jedino kao da se kapetan Čupić (sada major) nije menjao. I dalje je bio fini, obrijan i rumen kao doktor; i dalje je posle radnog vremena autom odlazio kući i sa ženom i kučetom šetao posle ručka po vranovačkim livadama. Samo, više nije stanovao u vili bivšeg advokata Trandafilovića već u novom stanu, u oficirskim zgradurinama iza pivare. A uz to je i kući odlazio novim kolima. To je sada bila zastava 1300; moskvič je prodao nekom hipnotizeru. I još nešto: – prestao je da upotrebljava reč *dapače*.

4

Tako je to izgledalo. Da... (Tako bi kazao i pokojni Trandafilović da je još živ. Ali méne su i njega promenile – za vjeki vjekov. Jedno vreme su mu ispisnici obilazili grob, pa je i njih, iz godine u godinu, bivalo sve manje. Grob je prekrila trava, a travu korov, a korov šiblje. Krst je satrunuo – bio je srezan od slabog drveta, napravili su ga, kao i sanduk, u zadružnoj radionici, poslednjem ostatku fabrike nameštaja. A u vilu, budući da je ostala bez naslednika, uselila se Uprava vodovoda.)

Da, tako je to izgledalo. I nije čudo što prestadoše da se sećaju kapetana Lazovića. Njegova verenica, zaposlena u trikotaži, udade se za inženjera Palinkova; svadba bi nekako iznenada. Bucmasti prečanin se u tu beloputu i vitku Vlainju, otprilike šest meseci posle Lazinog nestanka, zaljubi namrtvo. (Kažu da mu je uzela pamet baš onom crninom.) Posle se odseliše u Pirot. *Dardanele* kupi neki suknar, pa ih preudesi u vunovlačarsku radnju; – lokal beše na zgodnom mestu, odma pored pijaca. (Seljanke i danas, kada krenu u Vranovac da drndaju umeljanu vunu, kažu: »Idemo u *Dardanele*«. A grobari, okupljeni u bifeu na autobuskoj stanici, u onoj četvrtastoj kutiji od aluminijuma, nađoše nove pajtaše, sve neke šofere, švercere i tipove bez određenog zanimanja (mlogi su više vremena provodili u Beogradu, Trstu ili Temišvaru nego u Vranovcu) – mlađe i luđe od kapetana Selimira Lazovića. Pa, kako su ga i grobari izbrisali iz spiska, sve je išlo na to da će kapetana Lazu, kao i svakog ko odnekud dođe, živi, pa iščezne, zaborav prekriti za vjeki vjekov.

No, ne beše tako. Život ne bi bio ono što jeste da, uza sve ostalo čime nas usrećuje, ili muči, ne priredi i poneko iznenađenje. Tako beše i ovom prilikom: odjednom, kao iz vedra neba, puče po Vranovcu glas da su kapetana najzad našli. A za to, više od svakog drugog, beše zaslužan, što se kaže, dvostruki život majora Čupića.

5

Evo kako se, po pričanju čaršije, a na osnovu istrage vranovačkog SUP-a, ta već zaboravljena tajna razjasni.

Ženu majora Čupća Bog nije, što se kaže, usrećio plodom. Jadnica, kuda sve nije išla i šta sve nije radila zbog te svoje ženske falinke, i u Beograd je putovala, najvećim doktorima, i na neke klinike u Sloveniji, i po banjama se potucala, i po ostalim lekovitim mestima; a kada ni to nije pomoglo, uputila se krišom vidarkama, travarima, manastirima i drugim svetim mestima, ne bi li joj se Svevišnji smilovao. Tako je otputovala bajagi i u Jošaničku banju, a u stvari u manastir Suvodol, igumaniji Jevdokiji, starici od devedesetak leta, majci jedanaestoro dece i babi nekih pedeset i četvoro živih i zdravih unučadi, koja su takođe nastavljala lozu obilatim porodima. Zamonašila se tek u sedamdesetoj; komunisti su pričali: zbog sifilisa, a u stvari zbog gubljenja zdrave pameti usled nacionalizacije vinograda i celokupnog gazdinstva u Negotinu 1944. U narodu je uživala ugled svete žene po pitanju začeća.

Za to vreme major Čupić je ostajao sâm. I tada si na utrinama, po šumarcima i kraj Timoka mogao da vidiš majora i velikog, crnog vučjaka. Major se šetkao duž brazda i vrzina, zamišljen, ruke je prekrštao na leđima, međ prste stiskao pseći kaiš, a pas je kasao po guštarama, njuškao, frktao kao da mu mravi ulaze u nozdrve, pa zastajao, spuštao se na zadnje šape, podizao njušku i zavijao. Na taj zvuk major bi stao, oslušnuo jeku i kaišem pljesnuo po mekom dlanu. Onda bi, kao da ga je izdavalo strpljenje, tanko zviznuo, ili viknuo: »Hektore!«, i pas bi se trznuo, podigao na sve četiri, pa, mašući repom kao perjanicom, jurnuo niz breg.

Ali jednog dana kučište promeni pravac; a s njime i major Čupić. Vučjak je, kažu, kao i dotad skočio na zvižduk, ali nije dotrčao; krenuo je s brega, ali se u podnožju izgubi sred čestara i major se uputi da ga traži.

I nađe ga. No Hektor ne beše sâm: čučao je kraj potoka, ispod vrbe; trzao se i skičao, i njuškao ispruženo nečije telo; ono se, iz daljine, majoru učinilo mrtvim.

Bila je to devojka; i po odeći i po načinu kako joj je kosa bila očešljana beše jasno da je iz Vranovca, ali je major nije poznavao. Kraj tela se nalazila đačka torba, otvorena: sveske, dve-tri knjige, razne olovke i nekoliko klipova kukuruza. Telo, prekriveno suknjom i bluzicom, ležalo je nekako raskrečeno, neprirodno. Major klęče, ućutka psa i uvo prisloni na devojčine grudi. Čuo je srce; učinilo mu se da spava – tako je kasnije major izjavio. Ali devojka ne beše ni mrtva, niti je spavala; beše u nesvesti.

6

Nikada se nije saznalo zašto je baš tu, na tome mestu, kraj jaruge, izgubila svest. Nikada se neće tačno znati ni šta se izistinski kasnije događalo između nje i majora Čupića. (Poznat je samo kraj.)

Prema jednom kazivanju – poteklo je iz SUP-a (od milicajaca i apsandžija) – onesvestila se od jakog mirisa. (Toga dana, vraćala se iz škole pa otišla u gradinu pokojne babe Pene da nabere purenjaka: kraj reke se još mogao naći po koji pozni struk s mladim klipom. Tako ju je zatekla nepogoda. Pokraj Đergove vodenice sačekala je da protutnji pljusak, pa krenula kući. Išla je ivicom jaruge, nagazila na bokor zdravca, udahnula zagušljivi miris i – kako kažu: osetljiva na taj miris – najednom izgubila svest.) U tu priču, s obzirom *na to* da su svi vranovački doktori sumnjičavo vrteli glavom, malo je ko hteo da poveruje.

Po drugoj priči – proturiše je naše alapače stojeći pred kapijama ili na ćošku, pokraj predratne česme sa arteskom vodom, za koju stariji svet još veruje da je zdravija od ove »nove«, iz vodovoda – Cvetu je (tako se devojče zvalo) onesvestio ludi Bane, silovao pa pobegao.

Ali postoji i treća pretpostavka, a nju sam s pomoću Čupićevih izjava (čuo sam ih od Uče, novinara iz *Timočkog glasnika*) i pričanja jedne čedomorke iz Vrbovače (provela dve godine u Kruševcu, u KP-domu za maloletnike, zajedno sa Cvetom) – izmislio ja. Ne, nije to prava reč; ja sam je, što se kaže, ja sam je – *lansirao*. Po meni, to sanjivo Vlainjče, čim bi s nekim počelo da radi *one stvari*, palo bi u nesves. Tako je bilo i onog dana kad ju je namirisao majorov vučjak, a tako je, po meni, bilo i kasnije, i s majorom. Ne, ne morate da mi verujete. Ali – ja znam šta pričam. Jer: zašto je major nastavio da odlazi u njenu kuću? I to noću? A znao je da je tamo živeo njegov prethodnik, mislim kapetan Laza – (zaboravio sam da vam kažem da je Cveta najmlađa sestra bivše Lazovićeve verenice) – i da srednja sestra, ona poštarka, u to vreme nije u kući već na noćnom dežurstvu, na depešama. I što je više nije obilazio zajedno sa psom (kao prvi put, kada ju je dovezao, onako bledu i iznemoglu, i posle se zadržao, zajedno sa Hektorom, negde do devet--deset uveče; kao – kokali kukuruz na plotni), a?!... Nastavio da je »obilazi«, he, he, a sestra joj dežura u pošti, a žena mu kleči u Suvodolu i moli Boga za porod, a pas ostaje da zavija sâm u stanu, zaključan, e? Šta velite na to? Kažem, ne morate da mi verujete, ali se zna da je on Blašku »Hemingveju«, onom udbašu što je specijalno zbog tog slučaja došao iz Beograda (kao – i Udba se zapitala šta se iza svega toga krije; znate kako je – Vranovac je 13 kilometara daleko od granice, Bugari su Bugari, a iza Bugara stoje – Rusi), kazao otprilike ovo: mala često pada u nesvest, pa, eto, brine za nju.

7

Dobro. Bilo kako bilo, tek – stvar se završila naprečac. Jedne večeri – bolje da rečem: jedne noći – major Čupić je, s oproštenjem, dobio proliv. Svilo ga odjednom, kokicama pokvario stomak – tako je izjavio on; preladio se dok je pravio *grčka kolica* – to izjavljujem ja; i šta će, kud će – zna se: pravac dvorište, u nužnik, »po napolje« (što kažu naša deca učiteljki u školi).

Kod nas u Vranovcu, fala Bogu, narod još sere u nužnik, da mu košava pravi ladovinu oko dupeta – to su voleli odvajkada, pa vole i danas. Časti mi, ne znam nijednoga čoveka osim dva-tri doktora i tako nekih, na prste da ih pobrojiš, koji su u svoje kuće, s vodovodom i belim pločicama, i špajzovima, i tri-četiri sobe što u prizemlje što na sprat, uzidali kadu i klozet. Jok! Takav ti je naš narod i gotovo. A što se tiče one kuće u kojoj je stanovao kapetan Laza, neću da grešim dušu: bila je stara, rabatna, na formu više seljačka nego gospocka – onako: visok krov na četiri vode, čandija padla preko prozora ko mangupu kapče na oko, dvorište – napred kaldrma i rundele sa cvećem (ona moja kaže da su imale najlepše georgine u čitavom kraju), a pozadi, iza tarabe, čisto seljačko: đeram, svinjci, blato, koš za kukuruz i – nužnik. Ruku na srce, sve tri su kuću držale ko bokalče za pijaću vodu, znači: čisto; tako su odmalena naviknute. Tetka ih je, pokojna baba Pena, bostandžijka iz Kobišnice, dobrom naučila. A kada je umrla (kuću je njima ostavila; decu nije imala, pa ih je volela kao da su njene), devojke su nastavile da žive uredno, i dok su bile sve tri zajedno, pa i dok je kapetan Laza boravio kod njih (kao budući muž one najstarije), a i posle, kada se ova udala i otišla za Pirot. Pa i sad. Sve se tamo caklilo i bilo na svome mestu; i nužnik. Štono kažu: da ga poližeš.

Elem, te noći (a ne beše do tada major tako mlogo prisutan; to mu je, kako sam sračunao, bilo tek peti-šesti put) Čupić je uleteo u nužnik, smandrljao na brzinu gaće, čučnuo i obavio ono što se moralo, a kad je ustao, i ponovo se uljudio, vide čovek da su mu iz pantalona, iz onog džepčeta za sat, ispali ključevi. Uplaši se, jasno; poče po mraku da baulja i pipka, ali ključeva nema. A mogao je i da zna da ih nema: da su pali na daske zveknuli bi, čuo bi. Sav uznerviran istrča na ulicu da iz auta uzme baterijsku lampu – šibicu nije nosio, jer ne puši – kad tamo, nema ni ključeva od kola. Naravno da ih nema: visili su o alki zajedno sa ključevima od stana. I – juriš u kuću: »Daj, bre, neko svetlo!«, zavapi pred devojkom, a ona, već malko odmorena, trže se iz dremeža (ili »nesvestice« – kako oćete) i vrisnu: »Šta je, šta se desilo?« – »Ma ništa, izgleda da sam izgubio ključeve«, reče major i uze s kredenca sveću i šibice.

Posle se sve odvijalo munjevito i, štono kažu, ko na filmu. Major Čupić ponovo utrča u nužnik, kleče na daske, upali sveću i poče da kroz rupu pilji dole u smrdljiv mrak: nadao se da su ključevi, možebiti, jošte ozgo, možda još nisu potonuli. Žmirkajući od ljutog bazda zverao je u ono što niko ne voli da gleda ako baš ne mora, ali dole, otprilike dva, dva i po metra ispod patosa, ključeva nije bilo. Pomisli da odustane, pomiren sa sudbinom da će morati da ode do kuće i probudi suseda pa da preko njegove terase preskoči na svoju, onu ispred kujne, i tako uđe u stan, narani psa i malo odspava, a sutra rano pozove bravara Vučka i da iz nahtkasne uzme rezervne ključeve od kola, vrati se pešice do Cvetine kuće i tek odatle ode u kasarnu. Ali – iako u mislima okrenut tim zapetljancijama što su se nepredviđeno pred njega isprečile, a sa ovima možda i druge, kao, na primer: šta će izjutra reći svet kad ispred kapije ugleda auto komandanta vranovačkog garnizona – on ipak ne izvuče glavu: dole, iz govana, iz najmračnijeg ugla, u trenutku kad je talasić svetlosti dotakao i to ćoše – blesnu žućkast sev kao kratkotrajna zlatna iskra. Major se naže da bolje vidi, pa trže glavu: iz smrada su virili ljudski prsti; sa njih sinu veliki, težak prsten od zlata.

Već iste noći psi su lavežom podigli iz postelje čitav kraj. A imalo je šta i da se vidi: ispred kuće naših Vlajinja stoje dvoja milicijska kola, u dvorištu bezbroj milicajaca i onih najopasnijih – iz Udbe. Ćute i razvaljuju nužnik, zatim podižu drveni pod i u rupu niz merdevine spuštaju govnara Milorada (onog što drvenim vedrom, prikačenim za vrh dugačke motke, već pola veka prazni vranovačke nužnike), a Milorad, miran kao apostol, čeprka po sraćežu nekim čengelama i izvlači prvo jednu ruku zajedno s plećkom, a onda i ostale komate ljudskog tela. U zoru su sve to, i glavu (nju je Milorad jedva iščačkao), poređali kraj bunara i ispljuskali vodom dok se iz tih delova nije raspoznao lik kapetana Lazovića.

8

Znam, bečite se ko što sam se i ja bečio, i šapućete i krstite ko što se krstio čitav Vranovac zajedno sa okolnjim selima, pa i sa selima malo dalje uz Timok, do Knjaževca, i niz Timok do Zaječara, i do Negotina čak, i Kobišnice, odakle sve tri behu. I pitate se, zašobrcnuti, šta bi? Ko ga ubi? I zašto? Ko ga iskasapi onako, ko krmka? I kakav li je i čiji je mozak smislio taku smrt i taku osvetu?...

Dva dana se Vranovac čudio, i nikako da se opasulji: ljudi idu na poso, al ne rade; sede i bleje jedni u druge ko kad ucmekaše Kenedija; il trče i pretrčavaju iz kancelarije u kancelariju, i iz radnje u radnju, ili stoje na pragovima zapodevajući razgovor i sa znanima i sa onima koje nikada do tada nisu videli. Đaci kasaju u školu tek reda radi kao i učitelji im, a putička im od kuće do razreda i obrnuto više nije napravo nego u polukrug, obilazno, pored stasine, u čijem se dvorištu vide daske i kamare lepa pokraj rupe od nužnika. I bunar s đermom. A seljaci postoje po sata na pijacu da prodadu koje pile, pa se brže-bolje slegnu oko suda (ko posle Oslobođenja kada je Vuk Babić uvatio koljača Ražanskog zvanog »Vampir«), sjate se, posedaju u lad i dreždi duvane do pridveče, dok ne smrkne, pa se raziđu, i sutra opet isto.

I tako puna četir dana, do kraja istrage.

To jutro stiže plavi zatvorski kombi iz Pirota, pa se selci preseliše pred zatvor, a deset dana kasnije ponovo pred sud, kad poče suđenje. Istraga beše brza, vodio ju je Blaško Jotić iz Zjapine, po nadimku Hemingvej, čuveni udbaš, rekoh već, onaj, brate, što je četeres i pete uvatio Marka. Čovek naš, nema tu šta, zna ti svakog Timočanina u dušu, nema ni da zineš, a on već kaže ono što nisi ni pomislio. Priča se da za vreme istrage nije SUP napuštao ni za pišanje; nit je jeo niti spavao, samo je Mića pandur trčao po burek u Kocetovo dućanče. Promoli tako Blaško glavu kroz vrata, smršten i posinjeo od nesna, i pita: »Živ li je još Koce, Mićo?« A Mića, staro potrčkalo od pre rata (sve se vlasti okrenule, a on uvek u ćošku, iza ulazne kapije, skućen – čačka zub velikom pribadačom s glavicom okruglom i crvenom ko trešnja), ustaje i presamićen u pasu žuri da ugodi.« Živ je, gospon Blaško, di da umre? Šta bi Vranovac posle za fruštuk?« – »E pa, četvrt sa sirom«, kaže Blaško i zatvara vrata, čuje se samo telefon; s Pirotom je sve preko telefona svršio.

Ja se, istina, tamo muvao nisam; ne bi mogao čak i da sam teo – znate kako je: te počisti crkvu, te zvoni za jutrenje, naspi zeitin u kandila i upali sveće, opaj prašinu sa ikona, pa pomozi pop-Gavrilu da navuče epitrahilj, pa poj i otpojavaj i juri mangupe što vazdan šutiraju loptu po porti, a posle, kad se završi služba, otiđi i do kuće, pomozi ženi, oplevi dvorište, narani živinu, nacepkaj drvca za potpalu, pa zvoni za večernje, i tako, iz dana u dan. Al ipak – već rekoh – sve znam. Sa ljudima se viđam, vole me i pričaju mi i što znaju i što im je napoznato, a ja, kad omrkne, i kad legnem u onaj moj ladan krevet, zabacim ruke pod glavu, pa počnem da mislim. Do ponoći obavezno oka ne sklopim, kombinujem, povezujem i, što se kaže, stvaram zaključke. I tako sam vam ja, i pored onoga što ste već čuli, zaključio i sledeće.

Blaško je, po meni, s majorom razgovarao tri puta. Sa Cvetom samo jednom. Poštarku, onu srednju – sećate se? – milicija je privodila pet puta – nije tela da dolazi. A sa Pirotom je razgovarao samo dvaput, to garantujem, znam iz prve: Zoran Mandić, telegrafista iz SUP-a, lično mi je kazao, u poverenju. Dan uoči suđenja – suđenje je počelo u četvrtak, a presuda izrečena u ponedeljak – Blaško ode za Beograd, a ja, kombinujući tako svaku noć, već sam bio prokljuvio sve. I kažem ženi: »Slušaj, Persido, takva i takva stvar.« A ona – žensko je to! – sve se iščuđava, kao ne veruje, vrti glavom i gunđa: »Otkud znaš, bre?« A ovamo, poznato joj da kod mene nema promašaja. I kad poče suđenje (na koje ja ni privirio nisam, što da se gužvam sa narodom kad mi je sve jasno?) – ona se ne iznenadi. Što sam rekao, tako i bi.

A rekao sam: ubila ga verenica.

To sam pogodio odma. Jedino mi muke

zadade najmlađa, ona što je padala u nesvest. Odma mi je bilo sumnjivo: mlado, zdravo, jedro ko jabuka, da je lupiš po jedan obraz drugi ima da pukne, a ovamo – malo-malo pa u nesvest! Mora da tu ima neka zvrčka, kažem ja sebi, a Uča, novinar, čim pođe u Bivši komitet, to jest u *Timočki glasnik*, obaveštava me preko tarabe: zovu je na saslušanje. Nju, a onda onu srednju, poštarku. Jednom, pa opet, pa opet, i tako pet puta. Sestra ide samo sa milicijom, dok najmlađa voljno. Posle devojče sedi u kući, nit govori nit romori, nit u školu nit ikuda, beli dan je ne vidi, sedi i ćuti. A poštarka, he-he, ta se kao iščuđava. »Otkud znamo«, melje i preko telefona i direktno, mislim komšijkama. »Neko oće da nam napakosti, mrze nas pa nam podmetnuli, mogu da mi pljunu pod prozor!« Podmetnuli! – smeškam se ja, i kažem: aha, onako na kriške, ko da je bundeva – dovatiš čoveka pa ga isparcelišeš, pa parčeta, cap!, u klozet, ko u lonac, je li? (Bog da mu dušu prosti kad ode na onaj svet; i meni neka oprosti što ovo pričam, ali i onome ko to uradi.) Mojega! – kažem ja i kombinujem, sve mi jasno, al i nije. Velim ja tako sam sebi, malo sebi, a malo i Persidi (a ona već duva: umorila se, kaže, stenje, čitav dan kuva zimnicu, punila tegle s paprikom i krastavčićima, pa je dremovna). Dobro, verenica – imala je i zašto; zadužio je jarac pijani, ali – kako sama? Kako, a da nijedna od one dve, mlađe, i ne posumnja? To mi beše nejasno, to me zbuni. I stvarno! – na suđenju sve se otkri.

9

Suđenje je, priča se, bilo neviđeno. Rekao sam već, nisam išao. Em znam, em sam u godinama (na Sv. Savu punim šeset i prvu), em u jesen počme da me žiga pod plećku, ima već šesta godina, u jesen i u proleće, i tad nisam nizašto. Ali, fala Bogu, ljudi me vole, i reč po reč pa ti sve bude jasno ko na Đurđevdan. Pričaju da su sve tri tamo, u Okružnom, bile blede i mirne ko milikerc-sveće dok ih ne upališ: stoje, uspravne, vitke, oči drže pobodene u patos, a ruke na grudima, nit romore nit govore, samo se na pitanja oglašavaju sa »Da« i »Ne«. A lepe, kažu, sve tri, ko upisane; prosto ti žao, a i da ne poveruješ. Jedino najstarijoj stomak malo napupio, onako jajasto, vidi se – biće muško. Branio ih neki Pirećanac, drugar onoga, kako-se-ono-zvaše? – ali koja vajda? Zločin je zločin, i tu vađenja nema. Pokušao muž one najstarije, Lazovićeve zaručnice, pokušao sve, voleo je; veli: »Što je bilo – bilo je, bilo je pre mene. A otkad nas dvoje živimo u zajednici – bolji brak od našeg nema!« Pokušao, velim, i kuda sve nije išao, kažu i do Maršala lično, dobre veze je imao, prečanske, al – ne vredi. Ni to što je ljubomora, ni to što je u šestom mesecu. Zločin je zločin, rekoh već, pa tako i sud reče. I osudiše ih. Najstariju, najlepšu, Lazinu verenicu (čak se zuckalo da je dete njegovo, al to je bilo čista laž: kad je Laza nestao, a kada se ona udala, hej!), na petnaest godina. A sestre – srednju, poštarku – na pet, za saučesništvo. Najmlađu, Cvetu, na dve godine, u KP dom, u Kruševac, kao maloletnu, takođe za saučesništvo.

10

A šta se, u stvari, zbilo? E, to je ono što nisam mogao da prokljuvim, i što sam od drugih čuo. Ruku na srce, tako nešto ni u snu ne bi ni ludak mogao da smisli, a nekmoli ja, Sava crkvenjak, čovek dobar i pobožan, što se kaže...

Daklem, ovako: ubila ga je najstarija, i to sa satarče. Tap – zavrat, tupom stranom, dok nam kapetan čuči kraj šporeta i duva u ognjište da raspali vatru. Iz ljubomore, zna se. I to je u redu. Tako sam i pretpostavljao. Al nikako nisam mogao da pretpostavim da će da ga klepi na Veliku subotu, uveče, uoči Voskresenje, i to pred obe – jedna je, pričaju komšinice, mlela orase, a druga, to jest treća, ona najmlađa, pisala u svesku neki račun, kažu: zadala joj nastavnica težak zadatak, pa nema kad ni da pomogne. Da, tako se pričalo... Al niko da odgovori: što ga isekoše ko repu, i to sve tri? Što?... E, to je ono; tu ti pamet staje. – Zato što nam je kapetan Laza, ajgir neuškopljeni, živeo, s oproštenjem, i s jednom, i s drugom, i s trećom! I pune dve godine nisu znale jedna za drugu, nisu ni sanjale, sve do one poplave kada se kapetan Lazović umal ne utopi spasavajući čobančiće. Razbole se, leže u krevet, i drž ne daj, satreše se sve tri – ko da im je brat rođeni. Maze ga i nutkaju, kuvaju najlepše, samo ono što u slast je, nit spavaju niti jedu, sve tri barabar, i, razume se, najstarijoj bi sumnjivo. Ne beše lenja, pa jedno prepodne trknu iz trikotaže kući, bajagi teli joj se krava pa nema ko da dežura; banu – i zateče ih. Al ne poštarku, kako je sumnjala, već – Cvetu! Smrče se verenici (beše već u godinama, negde oko trideset), podivlja, jedva je smiriše. A Cveta briznu u plač, nikako da prestane. I kad Laza ode na teren da obiđe karaule na Procepu i Vrškoj Čuki, najmlađa se izlaja da ga je zaticala u plevnji, iza kuće, i sa srednjom, onom poštarkom, pa je – eto... i ona... I još nam se kapetan Laza ne beše ni vratio, a sestre – kako? ko bi znao – skovaše zaveru. I tako ga verenica capnu, snese s tavana korito u kome se kupaju i šure svinje, i natera i poštarku i učenicu da sve tri, svaka svojom rukom, otfikari po čerek. Pred zoru baciše deo po deo u govna, a Cveta pade u nesvest.

11

Posle suđenja varoš nikako da se smiri. A i kako? Tako nešto dešava se jednom u sto godina! Pričalo se svuda, i u kući i na sokaku, i u crkvi i u kafani, pričalo je i staro i mlado, i seljaci i gospoda, pričalo, uzbuđivalo, ali, kao što svemu dođe kraj, i ovom događaju ugledasmo leđa. Još dvaput se priča rasplamsala, prvi put kada su poštarku oterali u Niš, Cvetu u Kruševac, a najstariju vratili u Pirot, prvo da se porodi, pa da posle ide na izdržavanje kazne. (To podeli čaršiju – naročito žene – na one koji su odobravali taku odluku, i na one koji sikću što se ubice maze i tetoše, a pošteni svet stradava na svakom koraku.) I drugi put – kad se major Čupić spakovao i otišao, sâm, odselio se, po kazni kažu, otputovao nekuda u Sloveniju; čini mi se u Ptuj.

Odmaglio je jednog ranog jutra, beše zima; susnežica, ladno, glavu da ne pomoliš ispod gubera. Ja stojim pred crkvom i lopatom razgrćem sneg, ježim se i šmrkćem, nešto mi se ne radi, pa svaki čas te duvam u šake, te palim cigaru, te kljuckam sikirčetom ledenu koricu na glavnoj stazi, kad – zakrklja auto, zakašlja, stade. Ja radim, više cupkam no što radim, zagrevam se i kijam, i gledam i ne gledam, a na ulici, iza gvozdene ograde, major Čupić otvara motor, čačka, čačka, čas uđe u auto da pretisne dugme, al motor samo kašlje, nikako da upali, čas opet prčka po motoru, vidim mu iz porte samo dupe, natrćio se, a šinjel mu se nakokorio ko košara.

Naiđe kamion, na kamionu fotelje i nekakve saksije – njegove stvari; zastade. Čupić viknu šoferu – vojnik vidim – viknu oštro i piskavo; kamion ode. Posle tišina, pada redak a mokar sneg, prođe poneki železničar il seljanka s kantama na obramici, pa opet ništa. Ja stao, nešto mi zanimljivo u to ladno i mokro jutro, prekrstio ruke na lopati i gledam. A on, kao da oseti. Okrete se, pogleda me s mržnjom.

»Šta gledaš?« odseče, takođe oštro, oštro i piskavo.

»Ništa« rekoh, »možebiti – treba vam pomoć.«

On me gleda, gleda, pa tresnu poklopac od motora i uđe u auto.

»Pa ako baš oćeš«, reče, »a ti guraj.«

I ja dunu u šake, počeh da guram. Guram ja, zapeo iz sve snage, a on otvorio prozor, malo-malo pa se nagne, proverava, valjda, da l se točak okreće. Guram ja, ćutim, a vidim – u autu samo ona džukela; žene nigde. Nije je valjda poslao kamionom, pitam se, pa ću naglas:

»A gde vam je gospoja, druže Čupiću?«

On ćuti, pa dreknu:

»Šta te se tiče?«

»Ako je tako, dobro«, velim mu ja i odlazim natrag, u portu. »Pomažem vam ko čovek, a vi na mene ko na fašizam.«

Počnem ponovo da strugućem sneg i gledam: izišao pa sâm gura; podmetnuo rame u vrata, epoleta mu se iskrivila, samo što se ne otkine. Stenje, gura, jednom rukom drži volan, a drugom podupire ono ogledalce sa strane, i tako zgrbljen izgubi se u sumaglici. Ne znam kako je upalio, ali ga nikada više nisam video, a ja sam bio poslednji čovek iz Vranovca s kojim je major Čupić prozborio reč.

*

    I tako s majorom Čupićem i njegovim vučjakom ode i poslednje sećanje na strašni događaj u Vranovcu. Katkad, kada prođeš sokakom Ljube Didića, pa naiđeš pokraj stare kuće, prazne, oronule i čandije naero ko mangupska kapa, možeš, ako pogledaš kroza burjan i štir kojim je obrasla avlija, da primetiš i rupu. A kraj nje gomilu lepa (daske su komšije razgrabile). I đeram, ali bez vedra. Neko je i njega otkačio, možebiti da njime vadi vodu iz Timoka, zaliva baštu... Polako propada kuća naših Vlainjica. Čujem: uskoro će da je ruše. Opština će kažu, na tom mestu, da zida farmu, za fazane.

VRTEŠKA

Prelazim prugu i bližim se vašarištu.
Na talasastoj utrini vri mravinjak.
Bežim u stranu, ka terenu za fudbal. Impregnirana ograda smrdi na katran, ali i u njenoj senci oseća se miris prašine, onaj oštar, suvi miris što s večeri, kada se stada vraćaju sa ispaše, zađe u dvorišta. To je mirisni trag papaka. Vuče se i za vojskom, a lebdi i iznad vašarišta. Osetio sam ga odavno, onda kada su me prvi put vodili na panađur.

Bilo je to uoči rata, tek bejah pošao u školu. Ne sećam se ničega određenog. U svesti mi jedino seva klupko izuvijanih, šarenih traka, i ringišpil.

Okretao se negde pod nebom a gore, ispod oblaka, lepršale su suknje. Kroz vrevu i vašarsku dreku čula se vriska seljanki. S leve strane kreštao je prodavac sladoleda, a s desne tutnjao goč: to je Ciganin gonio mečku da igra.

Popeli su me na ringišpil i ja sam se vrteo sa svim onim što se nalazilo okolo mene i razmazivalo u bleštave elipse. Od okretanja spopala me je muka. Posle nekoliko krugova – vrteška nije ni uzela zamah – osetio sam na dlanovima znoj. Stisnuo sam lance, a neka podmukla gorčina kuljnula je iz utrobe. Zažmurio sam, i jedino čega sam bio svestan behu grč i strah da ne povratim. Nisam ni sačekao da se vrteška zaustavi. Otkopčao sam kuku kojom se preko korpe vezuje poprečni lanac, da se ne bi ispalo, i iskočio. Ali, avaj, moj panični beg završio se u vazduhu: kuka mi se prilikom iskakanja zakačila za nogavicu kratkih pantalona. Ostao sam da visim i slušam urnebesni smeh, preplašen da će se ringišpil opet zavrteti, i mene, obešenog o kuku, odneti uvis.

Kada su me otkačili, pa spustili u prašinu, nozdrve su mi već bile pune žućkastog mirisa, a oči suza.

Suzim i sada, posle toliko godina, ali to nije od sećanja na prvu i jedinu vožnju ringišpilom, već od peska: večernji vetar razvejava ga sa utrine čak do predgrađa.

Uz ogradu fudbalskog igrališta leže Ciganke i hrane decu. Deca su prljava, golotrba, nemirna kao kučići. Žvaću hleb i grožđe, i tuku se. Ispred njih, u prašini, strovaljene su stare vreće. Iz njih vire varjače, vretena, karlice od topolovog drveta.

Bližim se Zmijancu. U gustišu, kraj staze, čeka me Klara. Idemo uz borik, ka »Partijskoj«, eno, proviruje crveni krov. Sada je to hotel, ali se u žutoj zgradurini ranije nalazila Partijska škola.

U letnjoj bašti stolovi su bez čaršava, stolice su poređane u kupe, nigde nikog. Ne znam zašto je zatvorena.

Klara korača ispred mene, njiše kukovima. Gledam joj u punđu i u beli vrat. Njiše se i tašnom s dugačkom drškom mlatara okolo sebe, tobož – svejedno joj je kuda ćemo. Suknja joj je kratka, zategnuta na stražnjici, vide se pune butine i vene na listovima. Iza »Partijske« je gustiš, u njemu bunker urastao u korov, iza bunkera rovovi puni đubreta i suvog lišća.

Vodim je tamo.

Ona to zna, ali se pravi nevešta. Maše tašnom, čas je prebacuje preko ramena, čas je vitla oko sebe; leti tašna u krug – korpa na ringišpilu.

Na vrhu Zmijanca Klara zastaje, okreće se i sačekuje me. Oslanja se o desnu nogu, pregiba se u kuku, a levu savija u kolenu. Grudi su joj nabrekle i isturene.

Prilazim, palim cigaretu i gledam niz padinu.

Dole, ispod Zmijanca, talasa se vašarište. Još je dan, još gori nebo na zapadu iznad Ciganskog groblja, ali u podnožju, nasred utrine, iskre se raznobojne svetlosti: to artisti mame publiku u cirkuske šatre.

Klara zastaje kraj bunkera, rame oslanja o zid. S visoravni miriše otava, iz šikare dopire zadah trulog lišća i paučine. Klara zabacuje glavu; grudi joj se talasaju.

Stajem pored nje; i ja se oslanjam o bunker. Kroz košulju prodire toplota sa zida. U sivu i hrapavu površinu čitavo poslepodne zabadalo se sunce. Osećam ga na plećkama. Osećam travu ispod nogu. Osećam i Klarinu mlaku mekotu pokraj sebe. Bacam opušak i izvrćem pogled u stranu, ka uhu što proviruje ispod gustih loknica. Pogled klizi niz vrat, beo, obao i mek, i pada u izrez na bluzi.

Saginjem se. Klara se spremno primiče, dodiruje me grudima – osećam njihovu težinu, težinu vreća. Sada se i ja okrećem čitavim telom, oslonjen samo ramenom o bunker; obujmljujem je i milujem. Šaku spuštam na stražnjicu, stiskam je, u početku blago, zatim sve jače, potom dlanom klizim uza struk, do grudnog koša. Podvlačim prste pod bluzu i opipavam dojku. Ogromna je, sapeta čipkastim grudnjakom.

Klara zabacuje glavu, žmuri, lice joj je bezizrazno. Gledam je u čelo, u grubu, crvenkastu kožu, i u dve poprečne bore što tupavo presecaju tu usku koštanu zaravan. Zatvaram oči, da mi strast ne smalakše i svojim usnama padam na njene – suve su i hladne. Ponovo gvirim kroz trepavice: ona i dalje žmuri čvrsto sklopljenih kapaka.

Ljubim je. Usta joj se lagano raspolućuju, ali moj jezik nailazi na prepreku. Ljubim je, no ona ne uzvraća poljupce. Nepokretna je. Najednom shvatam celim telom: ruke su joj opuštene, vise joj niz bokove; stoji odrvenela, samo je dojkama oduprta o moje grudi – pala bi kao proštac ukoliko bih se izmakao. Zavlačim i drugu ruku pod bluzu, otkopčavam grudnjak. Zatim je ponovo obujmljujem, ali se i odmičem, da bih joj desnim dlanom milovao bradavice. Klara rastavlja zube, dahće, butinama se pripija uza me, mada joj ruke i dalje vise niz bokove. Koristim trenutak, pa jezik guram u usta. Vrškom joj oblizujem desni; napipavam jame i škrbatke na kvarnim kutnjacima.

Da ne bih ponovo razmišljao, ja šaku sklanjam sa grudi. Milujem slabinu, lakim doticajima ponovo prevlačim dlanom preko stražnjice i prste podvlačim pod suknju. Suknja je tesna, teško se suče uz butine; ipak, uspevam da se domognem gaćica. Napipavam rub duboko usečen u guzove, i dlačice na naježenoj koži. Klara se pripija kao da tim pokretom želi da spreči ono što je sada na redu, ali me u isto vreme obuhvata oko vrata i zube zariva u moje usne. Otrežnjem bolom, otvaram oči. I vidim: ispred nas, na nekoliko metara od bunkera, leluja se lišće. Odande, iz korova, vire čupave dečije glave.

Tako smo i mi, za vreme rata, bauljali za Vlainjama. Ali to je bilo davno, stariji sam za četvrt veka. Zaboravljam detinjstvo, i radoznalost, i pogled iz krhke tvrđave u sve što me je okruživalo. Ne sećam se opasnosti, postajem slep za tajne kojima sam pokušavao da priđem, pa danas, razbešnjen prisustvom malih mangupa, u skoku se udaljavam od bunkera, dohvatam prvi kamen i kao lud jurišam u gustiš saplićući se o busenje. Šiba me pruće, od drenovih liski bride obrazi, trčim i odmičem sve dublje u šikaru. Njih nigde; rasprštali su se ko zna kud, možda su već na vašaru, pomešani s gomilom; cerekaju se i prepričavaju ono što su videli. Jedino iz kukuruza, pod Zmijancem, uz lepet i tihi zviždaj, jato fazana odleće na reku.

Taj šum trezni me naglo, shvatam da se bavim glupostima: gore, kraj bunkera, čeka me Klara. Vraćam se. Hitam prečicom, znojim se i dahćem. Već se smrklo, sivi suton vreži se u granju.

Protrčavam pored »Partijske« – drema u tami, mračna kao kasarna. Iza nje, kraj bunkera, nikog.

Zbunjen nevericom trčkaram kroz šiblje, nadnosim se nad rov, ali nje nema. Vraćam se ponovo do bunkera, zovem je, gvirim kroz puškarnice; iz bunkera bije memla i smrad razgaženog ljudskog izmeta. Taj ljuti bazd trezni me kao udarac pesnice, shvatam da me je napustila, ukoliko je uopšte i bila tu, da se ohladila dok sam jurio dečurliju po šumi, da se ohladila isuviše brzo, pre nego što sam je i dotakao, pre nego što sam je i video, pre nego što je i saznala da i ja postojim na ovome svetu; isuviše je brzo postala nezainteresovana za ono što je trebalo da se dogodi. Jasno mi je – propustio sam trenutak, on se više nikada neće ponoviti.

Smožden, i prebijen umorom kao kosac u smiraj dana, povijenih pleća i ruku zarivenih duboko u džepove, vučem se niz brdo. Čini mi se da ću se srušiti. Ramena mi pritiska mlinski kamen, kolena klecaju, listovi cepte kao da su šibani mokrim prućem. Pitam se kuda ću. Iako znam da postići kod Klare ono što sam hteo ne predstavlja nikakvu teškoću, iako sa njom to isto radi pola Vranovca, mene teško pogađa činjenica da je nema. Za to ne optužujem nju, nego sebe. Baš zato što je takva, što može da je ima ko god zaželi. Čini mi se da bih joj bio jedan od sporednih, onaj kojeg u njen život donosi slučaj, a ne želja da bude baš njegova i ničija više. Teturam niz Zmijanac, a pred očima mi lebde slike onoga što bi trebalo da bude. Vidim joj obnažene grudi, raširene butine i toplu utrobu u koju prodirem onesvešćujući se od uživanja. Ali, dok srljam kroz mrak, te slike ne otapaju led u mojoj muškosti; one me samo muče gorčinom što ih nisam doživeo. To je ono isto osećanje samoće i poniženja koje me je smoždilo pre četvrt veka, onda kad sam se u kratkim pantalonama vozio ringišpilom. Gušim se, shvatam: život je jadan, ne mogu mu pronaći smisao.

Beograd, 1971.

REČNIK MANJE POZNATIH REČI I IZRAZA

Ajgir – mlad pastuv
aluga – jaruga
afežetkinja – pripadnica masovne ženske organizacije Antifašističkog fronta žena (AFŽ)

Bardak – glinena posuda za rakiju

Goč – bubanj
grtko – neprijatno

Zašobrcnuti se – zaneti se; dobiti nesvesticu

Japadno – u senci
jolpaz – krme; svinja

Karakondžula – nečista sila (po paganskom verovanju)
kopanja – karlica; drveno koritance u kome se mesi hleb
kortešiti – agitovati
krstoput – raskrsnica

Mandža – jelo
milikerc – industrijska sveća

Natentati – nagovoriti

Ožulen – odran
OZNA – Organ zaštite naroda (OZN); od 1947. g. UDB
opluo – podbuo

osoviti se – ustremiti se
otoditi – odlaziti

Panađur – vašar
pladne – podne
pomana – parastos
prcmoljak – mali rastom; neugledan
purenjak – klip mladog kukuruza

Rastabarčiti se – raspojasati se
rastrvoljiti – razmrviti
rebečati se – smejati se isuviše glasno
ring – okrugla pokretna ploča od drveta za izradu sveća

Santrač – ograda na bunaru
sač – bakarni poklopac za crepulju, glinenu posudu za pečenje pogače u žeravici
sebati se – trzati se
sinija – nizak, okrugao drveni sto
SKOJ – Savez komunističke omladine Jugoslavije. Omladinska politička organizacija, rasformirana 1947.
skućiti se – skupiti se; saviti se; presamititi se
s mene na uštap – katkad; neredovno; s vremena na vreme
stasina – velika kuća; palata
stumlati – zaturiti
SUP – Sekretarijat unutrašnjih poslova

Tenac – vampir
tomazluk – gazdinstvo; domaćinstvo
tulumbe – vrsta orijentalnog kolača
tunkovanje – jedan od načina zanatske proizvodnje sveća

UDBA – Uprava državne bezbednosti (UDB); ranije OZN
umeljati – izgužvati; onerediti
Unra – američka organizacija za pomoć savezničkim narodima stradalim u II svetskom ratu (UNRRA)
USAOS – Ujedinjeni savez antifašističke omladine Srbije. Omladinska organizacija

Froncla – resa
frontovac – pripadnik masovne političke organizacije (Narodnog fronta Jugoslavije)

Cubok – iznutrica

Ćutuk – glupak

Čandija – streha
čengele – kasapska kuka
čuk – čekić

Švapredla – voskarska sprava za upredanje i sečenje fitilja
štucpredla – daščica za ravnanje izlivenih sveća

ŽIVOT KAO PRIČA

Pokušavajući da odredi prirodu Pavlovićeve proze, i pozivajući se često na piščev stav o umetnosti iznet u knjizi eseja *O odvratnom*, kritika je gotovo po pravilu pribegavala terminu-ključu: *poetika ružnog*. Pri tome se, ponekad, interpretacija ovoga termina sasvim razlikovala od onoga što je pod tim pojmom podrazumevao sam pisac, a ponekad se dešavalo, naročito pri vrednovanju, da mu se pripišu i aksiološki negativne konotacije. Stoga bi se ovde još jednom valjalo prisetiti piščevih reči iz eseja »O lepom i ružnom«. »Prava umetnost je ,ružna' uprkos svih glazura, ukrasa i primamljivih oblandi« – zapisao je tamo Pavlović. Ružna, dakle, ali ne zato što bi njena građa bila »sama po sebi brutalno ružna, tj. neposredno destruktivna«. Ne. Umetnost je ružna, ili »ružna«, ako smo dobro razumeli pisca, pre svega po »destruktivnoj moći njene ekspresije«. Ili, drugim rečima, po tome što ona »čoveka opominje da je u zabludi dovodeći ga do saznanja o samom sebi i svojoj tragičnoj ulozi i mestu u beskonačnosti«.

I doista, ako se složimo sa ovakvom Pavlovićevom interpretacijom prirode umetnosti, onda i njegovu prozu valja tumačiti upravo tako: kao opomenu tuđim i vlastitim zabludama, i kao umetničku formu spoznaje o neizbežnosti ljudskog udesa. Udesa koji je neminovan već i samom činjenicom vremenitosti inteligibilnog bića, ali koji je, isto tako, u Pavlovićevim pričama često i plod čovekovih zabluda, njegovog mentalnog sklopa, ili pak njegove nezavidne egzistencijalne i istorijske pozicije u svetu prepunom obmana. Razotkriti te obmane, razotkriti ljudske zablude – makar i po cenu da se život učini i suviše ružnim – eto cilja kome će, između ostalog, pisac stremiti i u zbirci priča *Cigansko groblje*.

Svet koji u ovim pričama slika Pavlović, svet je marginalaca i životnih autsajdera iz Istočne Srbije koji svoj »mali« život žive daleko od tokova civilizacije i istorije. No, upravo zato njihove sudbine i postaju po mnogo čemu paradigmatične. Jer, i istorija, i civilizacija, i ideologija pokazuju, zapravo, pravo lice tek na svojim rubovima. Tamo gde je mera svega – život. Tamo gde rat doslovno znači – ubistvo svoga bližnjeg, istorija – međusobno trvenje, a zvanična ideologija – ideologiju poslovice »neka komšiji crkne krava«. Shvatajući, dakle, takvu poziciju marginalaca kao poziciju figura i apriornih gubitnika u tuđoj igri, Pavlović će i nastojati, istina implicitno – kroz umetnička značenja priče, da razotkrije i demistifikuje tu igru. Surovu igru koja se naziva istorijom i ideologijom.

Naravno, postavljajući sudbine svojih junaka u koordinate tzv. prelomnih godina – rat, sukob sa Informbiroom, studentski nemiri iz šezdeset osme – pisac *Ciganskog groblja* će se posebno okomiti na ideologiju razotkrivajući je kao strategiju diktature i nasilja. Strategiju koja je diktirala i našu savremenu istoriju tumačeći je potom kao nužni i, dakako, progresivni svetski proces koji, razume se, kao i sve ostalo što je veliko, traži i određene žrtve. A žrtve su, poručuju Pavlovićeve priče mnogo pre[*] nego što se i pomislilo na demaskiranje sada već srušenih ideoloških tabua, bili svi: i »vernici« ideologije, kao na primer omladinski aktivisti iz priče »Brada«, i naročito obični ljudi koji nisu razumevali pravila »velike igre«.

No, iako obeležen traumama vremena koje je zarad »svetle budućnosti« žrtvovalo sadašnjost, svet junaka iz *Ciganskog groblja* ipak se ne može isključivo svesti u koordinate istorije i ideologije. Iz prostog razloga što za Pavlovića čovek nije samo tzv. društveno biće nego štošta drugo: biće uslovljeno etikom i genetikom, ali i zagonetno biće, iracionalno i nagonsko, koje se nepredvidivo predaje čas violentnim

---

[*] *Cigansko groblje* je prvi put objavljeno 1972. godine.

erotskim strastima i divljanju tela, čas mutnim samoubilačkim porivima, a čas opet zovu fatumskog i atavističkog. Zapravo, moglo bi se reći: iako u ovim pričama pisac slika čoveka-marginalca u prelomnim vremenima, on njegovu prirodu, kao i razloge njegovog udesa, ne izvodi iz spoljašnjih okolnosti. Istina, one mogu biti svojevrsni katalizator sudbine, kao u priči »Pitanje«, ali ne i njen istinski uzrok. Ne. Čovekov život, makar i život marginalca, za Pavlovića je ipak nešto mnogo šire i složenije. Nešto što bi se možda moglo nazvati tajanstvenim kolopletom surove stvarnosti i kontroverzne ljudske prirode. One prirode koja često izmiče razumu i čiji se koreni nalaze u sferi podsvesnog ili u nasleđenoj kolektivnoj svesti. Zato je, eto, za ovog pisca život i širi od svake ideologije i istorije.

Uostalom, ta Pavlovićeva predanost životu, ta njegova fasciniranost čudom egzistencije svedene katkad na elementarno, odrediće na izvestan način i modus oblikovanja priča iz ove zbirke. Uočavajući, naime, da sam život nudi gotove narativne situacije i prototipove koji svojom neobičnom pojavom već poseduju elemente literarne intrige i dramatike, pisac *Ciganskog groblja* će učiniti da upravo on, život, progovori svojim autentičnim jezikom. Jezikom koji je namerno »neočešljan« i stilski nezgrapan, naročito u onim pričama u kojima pisac, oživljavajući arhetipske narativne obrasce, koristi govorni idiom sa karakterističnim istočnosrbijanskim dijalektom. Jezik je tu, zapravo, sve: otelovljeni život koji je priča. Zato on i mora ostati sirov i neizbrušen, gramatički »prljav« i leksički »ružan«. Baš kao i stvarnost Pavlovićevih junaka. »A stvarnost, ako nije stvarnost« – kaže se u priči »Hoby« – »nije ni istina.«

Slikajući život onakav kakav jeste – najčešće tragičan i brutalan – Pavlović će se, dakle, u *Ciganskom groblju*, kao uostalom i u većini svojih dela, doista prikloniti poetici ružnog. Ali, kao što je već istaknuto, ružnog kao istinitog. Kao autentične manifestacije stvarnosti i kao spoznaje o neminovnosti čovekovog tragičnog ishoda. Doduše, ovde valja dodati: ni u *Ciganskom groblju* nije baš sve ružno. Ili, »ružno«. Ima, naime, ovde i lirske raznežaenosti koja ublažava ili čak poništava prizore nasilja i slike brutalnosti; ima i poezije koja sublimira doživljaj sveta i otkriva njegovu tajanstvenu dimenziju – osobito u onim pričama gde je sve saobraženo naivnoj dečjoj logici i jednoj hipersenzibilnoj subjektivnosti koja više slutnjom negoli racijem spoznaje svet i sebe u njemu; ima, napokon, i brige za jezik, za formalno oblikovanje, za stilski ritam priče. Pa ipak, osnovni utisak ostaje: glavni junak *Ciganskog groblja* je život, ružan jer je tragičan. Život kome se – kako nam na kraju knjige saopštava jedan od Pavlovićevih protagonista – ne može pronaći smisao.

Milivoj SREBRO

SADRŽAJ

Bellissimo, Belisimo 5
Pitanje 33
Hobby 49
Brada 85
ZEISS-IKON 107
Letnji budilnik 123
Čvakin iz crevare 141
Neuobičajeni prepleti na opanku Matilde Gojković 161
Farma za fazane 181
Vrteška 205
Rečnik manje poznatih reči i izraza 213
Milivoj Srebro: *Život kao priča* 219

RAD
Beograd
Moše Pijade 12
*
Za izdavača
Milovan Vlahović
*
Glavni i odgovorni urednik
Dragan Lakićević
*
Tehnički urednik
Jarmila Avdalović
*
Korektori
Jovanka Simić
Milica Stambolić
*
Nacrt za korice
Janko Krajšek
*
Štampano
u 6.000 primeraka
*
Štampa
ČGP DELO
Ljubljana, Titova 35

CIP – Каталогизација у публикацији
Народна библиотека Србије, Београд

886.1/.2-3

ПАВЛОВИЋ, Живојин
 Cigansko groblje / Živojin Pavlović. – Beograd : Rad, 1990 (Ljubljana : Delo). – 222 str. ; 18 cm. – Biblioteka »Reč i misao« ; knj. 437)

Tiraž 6000. – Str. 219–222 : Život kao priča / Milivoj Srebro.
ISBN 86-09-00260-8

ISBN 86-09-00260-8

www.ingramcontent.com/pod-product-compliance
Lightning Source LLC
Chambersburg PA
CBHW071701090426
42738CB00009B/1615